Henry Bueno

De la mecánica de Dios a los Giros Copernicanos

Henry Bueno

De la mecánica de Dios a los Giros Copernicanos

Un alcance breve pero real

CREDO EDICIONES

Imprint
Any brand names and product names mentioned in this book are subject to trademark, brand or patent protection and are trademarks or registered trademarks of their respective holders. The use of brand names, product names, common names, trade names, product descriptions etc. even without a particular marking in this work is in no way to be construed to mean that such names may be regarded as unrestricted in respect of trademark and brand protection legislation and could thus be used by anyone.

Cover image: www.ingimage.com

Publisher:
CREDO EDICIONES
is a trademark of
Dodo Books Indian Ocean Ltd. and OmniScriptum S.R.L publishing group

120 High Road, East Finchley, London, N2 9ED, United Kingdom
Str. Armeneasca 28/1, office 1, Chisinau MD-2012, Republic of Moldova, Europe
Printed at: see last page
ISBN: 978-613-5-61145-8

DE LA MECANICA DE DIOS A LOS GIROS COPERNICANOS: UN ALCANCE REAL

Henry Wilder BUENO Orellana

CREDO EDICIONES

DEDICATORIA

A todas las mentes ágiles, de la Iglesia Universal.

A MODO DE INTRODUCCIÒN

El Emanuel es y seguirá siendo "el anuncio del Dios en medio de nosotros" y lo recordamos en la interpretación del lema de Benedicto XVI.

INDICE

I. De la mecánica de Dios

A. Vida Pública del Emanuel

a. Bautismo de Jesús

Bautismo de Jesús

Ir a la navegaciónIr a la búsqueda

Para otros usos de este término, véase El bautismo de Cristo (desambiguación)

El **Bautismo de Jesús** es un episodio en la vida de Jesús de Nazaret que aparece relatado en el Nuevo Testamento, y con él se inicia su ministerio público.[1] Lo mencionan los cuatro Evangelistas: Mt 3,13-17; Mc 1,9-11; Lc 3,21-22; Jn 1,29-34.[2] Los evangelios canónicos narran que Jesús llega a la orilla del río Jordán procedente de Galilea, y allí pide a su primo Juan que le bautice. Juan protesta y dice que es él quien debiera ser bautizado por Jesús. Jesús le responde:

«Déjame ahora, pues conviene que así cumplamos toda justicia.»

Evangelio de Mateo 3,15

Juan procede y el Espíritu de Dios desciende sobre Jesús, al tiempo que una voz decía:

«Este es mi Hijo amado, en quien me complazco.»

Evangelio de Mateo 3,17

Dado que el bautismo de Jesús por Juan el Bautista es coronado por la bajada del Espíritu Santo y la proclamación de Dios Padre de la filiación divina de Jesús,[3] los cristianos consideraron esta escena como una manifestación o teofanía del misterio de la Santísima Trinidad.[4] La Iglesia católica la conmemora bajo el nombre de *Solemnidad del Bautismo del Señor*, el domingo posterior a la solemnidad de Epifanía,[4] y con ella finaliza el tiempo litúrgico de la Navidad.[45]

Índice

Historicidad[editar]

Los historiadores consideran el bautismo de Jesús por Juan como un hecho histórico, un evento que los primeros cristianos no hubieran incluido en sus evangelios en ausencia de un «informe firme».[6] Al igual que Jesús, Juan el Bautista y su ejecución son mencionados por Josefo,[7] y el bautismo de Jesús se encuentra entre aquellos puntos en los que existe consenso amplio de veracidad.[8][9]

Las representaciones del bautismo de Cristo aparecen en la pintura paleocristiana y pueden verse ya en las catacumbas romanas: en un fresco de las catacumbas de San Calixto o en la cripta de Lucina del siglo II. Es una composición sencilla en que solo aparecen las dos figuras de Jesús y Juan.

A partir del siglo VI, en la pintura bizantina la escena se enriquece con otros detalles, como la presencia de ángeles que actúan como acólitos. El mismo río Jordán toma a veces protagonismo y los artistas hacen de Jesucristo expresión artística y lo representan con barba. Otro elemento que se introduce a veces es un ciervo que bebe pacíficamente en la orilla.

En los siglos XIII y XIV, acomodándose a los cambios del ritual, en lugar de ver a Jesús Y sumergido en el agua, se ve a Juan que la derrama sobre su cabeza con la ayuda de una concha. Tal es la escena que puede contemplarse en los bajorrelieves de la puerta de bronce del baptisterio de Florencia (1335). Los artistas del Renacimiento, como Cima da Conegliano, relegan el tema de la Trinidad para destacar el propio acto bautismal; representan a Jesús orante y recibiendo el agua derramada sobre su cabeza por San Juan Bautista, mientras los ángeles participan del acto solemne. Esta tipología, con los dos protagonistas más el coro de ángeles, será la más difundida durante los siglos XVII y XVIII.

- *El bautismo de Cristo*, de Piero della Francesca (ca. 1450).
- *El bautismo de Cristo*, del taller de Verrocchio (ca. 1475-1478).

- *Bautismo de Cristo*, de Cima da Conegliano (1492).
- *Tríptico del bautismo de Cristo*, de Gerard David (ca. 1502-1508).
- *El bautismo de Cristo*, parte de un retablo de El Greco (1596-1600).
- *El Bautismo de Cristo,* de Francisco de Goya (1780).

Celebración litúrgica[editar]

En la Iglesia católica[editar]

En el rito romano de la Iglesia católica, la solemnidad del Bautismo del Señor se celebra el domingo posterior a la solemnidad de la Epifanía del Señor (domingo posterior al 6 de enero), oscilando por tanto entre los días 7 y 13 de enero. Sin embargo, en aquellos lugares donde la Epifanía se traslada al domingo, cuando éste coincide con el 7 u 8 de enero la solemnidad del Bautismo del Señor se celebra el lunes inmediatamente siguiente.

Fecha del Bautismo de Jesús[editar]

Bautismo de Jesús (2001-2024)

Año	Fecha	Año	Fecha
2001	8 de enero	2013	13 de enero
2002	13 de enero	2014	12 de enero
2003	12 de enero	2015	11 de enero
2004	11 de enero	2016	10 de enero
2005	9 de enero	2017	9 de enero
2006	9 de enero	2018	8 de enero
2007	8 de enero	2019	13 de enero
2008	13 de enero	2020	12 de enero
2009	11 de enero	2021	10 de enero
2010	10 de enero	2022	9 de enero
2011	9 de enero	2023	9 de enero
2012	9 de enero	2024	8 de enero

b. Transfiguración de Jesús a Cristo

La **transfiguración de Jesús** es un evento narrado en los evangelios sinópticos según san Mateo,[1] san Marcos[2] y san Lucas,[3] en el que Jesús se transfigura y se vuelve radiante en gloria divina sobre una montaña.

En estos pasajes, Jesús y tres de sus apóstoles, Pedro, Santiago y Juan se dirigen a una montaña (Monte Tabor o Monte de la Transfiguración) a orar. En la montaña, Jesús empieza a brillar con rayos brillantes de luz, generalmente llamada «luz tabórica». Entonces los profetas Moisés y Elías aparecen al lado de él y habla con ellos. Entonces Jesús es llamado "Hijo" por una voz en el cielo, que es Dios Padre, como en el Bautismo de Jesús.

Índice

Evangelio según San Lucas 9, 28-36[editar]

28 Aconteció como 8 días después de estas palabras, que tomó a Pedro, a Juan y a Santiago, y subió al monte a orar;

29 Y entre tanto que oraba, la apariencia de su rostro se puso brillante, y su vestido blanco y resplandeciente.

30 Y he aquí dos varones que hablaban con él, los cuales eran Moisés y Elías.

31 Quienes aparecieron rodeados de gloria, y hablaban de su partida, que iba Jesús a cumplir en Jerusalén.

32 Y Pedro y los que estaban con él estaban rendidos de sueño; más permaneciendo despiertos, vieron la gloria de Jesús, y a los dos varones que estaban con él.

33 Y sucedió que apartándose ellos de él Pedro dijo a Jesús: Maestro, bueno es para nosotros que estemos aquí; si quieres, hagamos aquí tres enramadas: una para ti, otra para Moisés, y otra para Elías; no sabiendo que le decía.

34 Mientras él decía esto, vino una nube que nos cubrió; y tuvieron temor al entrar en la nube.

35 Y vino una voz desde la nube que decía: Este es mi Hijo el elegido, escuchadle.

36 Y cuando cesó la voz, Jesús fue hallado solo, y ellos callaron, y por aquellos días no dijeron nada a nadie de lo que habían visto.

Importancia[editar]

La transfiguración es uno de los milagros de Jesús en los Evangelios. [4] [5] [6] Este milagro es único entre otros que aparecen en los evangelios canónicos, en tanto el milagro le sucede a Jesús mismo.[7] Tomás de Aquino consideraba que la transfiguración era "el mayor milagro" en el sentido de que complementaba el bautismo y mostraba la perfección de la vida en el Cielo.[8] La transfiguración es uno de los cinco hitos principales en la narrativa del evangelio de la vida de Jesús, siendo los otros su bautismo, crucifixión, resurrección y ascensión.[9][10] En 2002, el papa Juan Pablo II introdujo los Misterios Luminosos en el rosario, que incluyen la transfiguración.

En las enseñanzas cristianas, la transfiguración es un momento crucial, y el entorno en la montaña se presenta como el punto donde la naturaleza humana se encuentra con Dios: el lugar de encuentro de lo temporal y lo eterno, con Jesús mismo como punto de conexión, actuando como puente entre el cielo y la tierra.[11] Además, los cristianos consideran que la transfiguración cumple una profecía mesiánica del Antiguo Testamento según la cual Elías regresaría nuevamente después de su ascensión (Malaquías 4: 5-6). Gardner (2015, p. 218) afirma que:

El último de los profetas escritores, Malaquías, prometió el regreso de Elías para mantener la esperanza del arrepentimiento antes del juicio (*Mal. 4: 5-6*) ... El mismo Elías reaparecería en la Transfiguración. Allí aparecería junto a Moisés como un representante de todos los profetas que esperaban la venida del Mesías (*Mateo 17: 2–9; Marcos 9: 2–10; Lucas 9: 28–36*). ... El sacrificio redentor de Cristo fue el propósito para el cual Elías había ministrado mientras estaba en la tierra ... Y fue la meta sobre la cual Elías le habló a Jesús durante la Transfiguración.

Ubicación de la montaña[editar]

Ninguno de los relatos bíblicos identifica la "alta montaña" de la escena por su nombre. Desde el siglo III, algunos cristianos han identificado al Monte Tabor como el lugar de la transfiguración, incluyendo a Orígenes.[12] El Tabor ha sido durante mucho tiempo un lugar de peregrinación cristiano y es el sitio de la Basílica de la Transfiguración. En 1808, Henry Alford expresó sus dudas sobre Tabor debido a la posible utilización continua por parte de los romanos de una fortaleza que Antíoco el Grande construyó en Tabor en 219 a. de C.[13] En respuesta, se ha sugerido que incluso si Tabor fue fortificado por Antíoco, esto no descarta una transfiguración en la cumbre.[14] Josefo menciona que durante la guerra judía se construyó un muro a lo largo del perímetro superior en 40 días y no menciona ninguna estructura previamente existente.[15]

John Lightfoot sugiere que el Tabor se encuentra demasiado lejos pero que debe ser "alguna montaña cerca de Cesarea de Filipo".[16] El candidato habitual, en este caso, es el monte Panium, Paneas o Banias, una pequeña colina en la fuente del Jordán, cerca del pie sobre el cual se construyó Cesarea de Filipo.

William Hendriksen en su comentario sobre Mateo (1973) sugiere al monte Merón.[17]

Whittaker (1984) propone que era el monte Nebo, principalmente con base en que fue el lugar desde donde Moisés vio la tierra prometida y un paralelismo en las palabras de Jesús al descender del monte de la transfiguración: "Le dirás a este monte (es decir, de la transfiguración), 'Muévete de aquí para allá' (es decir, la tierra prometida), y se moverá, y nada será imposible para ti."

France (1987) señala que el monte Hermón es el más cercano a Cesarea de Filipo, mencionado en el capítulo anterior de Mateo. De manera similar, Meyboom (1861) identificó "Djebel-Ejeik", [18] aunque esto puede deberse a una confusión con Yabal el-Sheij, el nombre árabe de Monte Hermón.

Edward Greswell, sin embargo, escribiendo en 1830, afirmó no encontrar "ninguna buena razón para cuestionar la antigua tradición eclesiástica, que supone que fue en el monte Tabor".[19]

Una explicación alternativa es entender el Monte de la Transfiguración como una topografía simbólica en los evangelios. Como señala Elizabeth Struthers Malbon, la montaña es de manera figurativa el lugar de encuentro entre Dios y los seres humanos,[20] y, por tanto, es el paisaje ideal para que ocurra una epifanía o teofanía.[21]

Celebración de la Transfiguración[editar]

La Iglesia Católica recuerda este hecho el 6 de agosto y el II Domingo de Cuaresma.

«...Toda la escena es la "manifestación" plena de Jesús el enviado del Padre para llevar a la plenitud el misterio de la redención, para que todos los pueblos en Él tengan vida. Ese Jesús que había sido presentado a los pobres pastores, a los magos, a todo el pueblo en el río Jordán, ahora es presentado por el Padre a los discípulos predilectos para que en el momento del dolor en el huerto de los Olivos y de la muerte en cruz, sea reconocido como **el Divino Salvador**, el Hijo enviado por el Padre. Pero esa palabra del Padre: "*escuchadlo*" debe resonar fuertemente en nuestra mente y en nuestro corazón. San Pedro jamás la olvidó, como hemos escuchado en su segunda carta: "*Y nosotros escuchamos esta voz, venida del cielo mientras estábamos con él el monte santo*"...» [22]

Batalla de Belgrado[editar]

La figura del Divino Salvador se relaciona con victoria europea cuando los otomanos atacaron a Belgrado en 1456, donde el ejército cristiano bajo el comando de Juan Hunyadi defendió con éxito la ciudad.[23] Esto sucede durante el pontificado de Calixto III quien dijo que en Belgrado había «salvado el mundo», y ordenó la construcción de iglesias al Divino Salvador del Mundo.[cita requerida] Cuarenta años después Cristóbal Colón, nombró San Salvador a la primera tierra que tocó y ocupó, en las Bahamas al norte de Cuba.[24]

Iglesias dedicadas a Jesús Transfigurado[editar]

México[editar]

- La Iglesia Divino Salvador está ubicada en el pueblo de San Salvador Tecamachalco en el Municipio de La Paz Estado de México, México; Construida en el Siglo XVII.

- La Catedral de Morelia, Michoacán. Presenta dicha dedicatoria principal al haber concluido su construcción el 6 de agosto de 1744. Es posible observar la mencionada dedicatoria en el retablo central de la fachada principal.

Argentina[editar]

- En la ciudad argentina de San Salvador de Jujuy, capital de la norteña provincia de Jujuy se encuentra la *Catedral Basílica de San Salvador* (del siglo XVII, elevada a Catedral en 1935 y, declarada Basílica el 1 de septiembre de 1971), bello y sencillo exponente de la arquitectura colonial española en la que predomina el estilo herreriano con detalles barrocos. En su interior puede apreciarse un hermoso púlpito de estilo colonial, tallado en ñandubay y cedro, uno de los más antiguos y bellos del país.
- También es digna de mención la *Iglesia del Salvador* de la Compañía de Jesús en la Ciudad de Buenos Aires (Av. Callao 582, casi esquina Tucumán), templo comenzado a construir en 1876 bajo dirección del Arq. Pedro Luzzetti en estilo renacentista; terminado parcialmente en 1883 y completado con las torres en 1887. En su espléndido interior se destacan el púlpito de mármol rosa, las columnas de malaquita, los apliques de bronce, el techo con vigas de quebracho y una magnífica estatua de san Miguel arcángel lanceando al demonio. Esta iglesia forma parte del circuito turístico de la ciudad relacionado con el papa Francisco por la pertenencia de ambos a la Compañía de Jesús.

Uruguay[editar]

- En la Plaza del Ejército en el centro geográfico de Montevideo está ubicada la Capilla de la Transfiguración, dedicada a Jesús Transfigurado, única en el país.

Chile[editar]

- En la ciudad chilena de Valparaíso, se encuentra la iglesia de La Matriz, en la que ocurrió un hecho particular. En el año 1868 se dieron cuenta de que la iglesia no tenía un santo patrono a quien celebrar, su nombre era como ahora, sólo La Matriz. Para solucionar este "inconveniente", ese mismo año se decidió hacer una votación popular para elegir al santo o santa patrona de la iglesia y de la ciudad, los candidatos fueron los siguientes: el Salvador del Mundo y La Virgen María. Si bien el ganador fue Jesús, la iglesia sigue siendo conocida como La Matriz.

Colombia[editar]

- La Parroquia Divino Salvador está ubicada en Bogotá, Colombia; precedida por los sacerdotes de la comunidad salvatoriana.

Cuba[editar]

- En la provincia cubana de La Habana, concretamente en el municipio de El Cerro, se encuentra la parroquia *El Salvador del Mundo*, erigida de madera en el año 1800 y reparada en 1807.[25]

El Salvador[editar]

- Se ha consagrado con el nombre de Catedral Metropolitana de San Salvador a la iglesia principal de la arquidiócesis católica de San Salvador, en El Salvador, y sede del arzobispo metropolitano.

España[editar]

Imagen medieval de El Salvador. Cristo bendiciendo y con la esfera cósmica. Catedral de Oviedo.

- Catedral del Salvador de Albarracín, en Teruel. Sede metropolitana de la Diócesis de Teruel y Albarracín. Retablo central de la transfiguración del Señor.
- La Santa Iglesia Basílica Catedral Metropolitana de San Salvador es una catedral de estilo gótico que se encuentra en la ciudad de Oviedo (Principado de Asturias). Es conocida también como Sancta Ovetensis, refiriéndose a la calidad y cantidad de las reliquias que contiene.
- La Catedral del Salvador en su Epifanía, habitualmente llamada «**la Seo**», es una de las dos catedrales metropolitanas de Zaragoza (Aragón). Iniciada su construcción en

el siglo XII, la componen los estilos románico, gótico, mudéjar, renacentista, barroco y neoclásico.

- La Catedral de Jerez de la Frontera bajo la advocación de Nuestro Señor San Salvador pertenece a la Diócesis de Asidonia-Jerez y radica en la ciudad de Jerez de la Frontera (Cádiz, España). Es una construcción del siglo XVII que aúna los estilos gótico, barroco y neoclásico.
- La Catedral de Ávila, considerada la primera Catedral gótica de España, está dedicada a Cristo Salvador
- Es el Patrono de La Matanza de Acentejo en Tenerife, donde se encuentra la Iglesia del Salvador del Mundo el cual es una derivación de la Transfiguración de Jesús.
- La Sacra Capilla del Salvador del Mundo, en Úbeda, es además un panteón funerario.
- La Iglesia del Divino Salvador, en Carmona, templo construido en 1700 sobre los restos de la antigua capilla dedicada al patrón del municipio, San Teodomiro, y en la cual destaca el gran Retablo Mayor.
- La Iglesia de la Transfiguración del Señor, en Ibi (Alicante), que ya se denominaba así en el s.XVI.

Venezuela[editar]

- En la ciudad de Caracas capital de Venezuela. Conocida como Iglesia de La Transfiguración del Señor, se encuentra ubicada en la Urb. El Cafetal del estado Miranda. Erigida el 31 de agosto de 1965[26].

c. Pasión y Muerte de Jesucristo

Pasión de Cristo o **de Jesús** es la denominación convencional utilizada para englobar los episodios evangélicos que narran los sucesos protagonizados por Jesucristo entre la última cena y su crucifixión y muerte (el ciclo narrativo puede detenerse ahí —comprendiendo aproximadamente una noche y el día siguiente— o continuarse con su entierro y resurrección, al tercer día —el cómputo cronológico ha sido históricamente objeto de debate—). También es el tema más utilizado en el arte cristiano.

La palabra castellana "pasión" proviene de la latina *passĭo, -ōnis*, siendo esta un calco de la griega πάθος (*pathos*).[1] Hace referencia a los sufrimientos de Cristo, entre los que se incluyen: la traición de uno de sus discípulos (Judas Iscariote) y la negación de otro (San Pedro), la oración del huerto (aceptación trágica de su destino mientras los apóstoles, dormidos, le dejaban solo en el Huerto de los Olivos —*Getsemaní*—), su prendimiento (tras ser señalado con el "beso de Judas" y renunciar a que sus discípulos le defendieran), su periplo judicial entre Anás, Caifás, Pilatos y Herodes (el juicio de Cristo, con sus interrogatorios y enigmáticas respuestas), en el transcurso del cual se producen diversos episodios de burlas y torturas a cargo de los soldados (Cristo en la columna, coronación de espinas, los llamados *improperios*), la presentación a la multitud (*Ecce Homo*), la alternativa presentada a elección popular (salvar a Cristo o a Barrabás), su condena a muerte con el "lavado de manos" de Pilatos, el *Via Crucis* (el camino, cargado con la cruz, atravesando Jerusalén —por la actualmente llamada *Via Dolorosa*— hasta el monte Calvario —*Gólgota*—, con varias caídas —debe ser ayudado por Simón de Cirene— y encuentros —con Verónica, que le seca el rostro, con su madre, con las mujeres de Jerusalén—), el expolio (ser despojado de sus ropas), y la crucifixión entre dos ladrones (Dimas y Gestas)

La fuente principal de estos episodios son los evangelios canónicos (Evangelio de Mateo, Evangelio de Marcos, Evangelio de Lucas y Evangelio de Juan). La Pasión es un punto central del cristianismo, al interpretarse hermenéuticamente como el cumplimiento en Cristo de las profecías del Antiguo Testamento vinculadas al Mesías, y el establecimiento de una segunda alianza entre Dios Padre y los hombres mediante el sacrificio de Dios Hijo (la segunda persona de la Santísima Trinidad) que de ese modo redime o salva a la humanidad del pecado.

Índice

- 4Referencias
- 5Enlaces externos

Liturgia y devociones[editar]

La liturgia de la Semana Santa conmemora todo el ciclo de la Pasión. El símbolo cristiano más extendido, la cruz, representa precisamente la muerte de Jesús (o, según su interpretación en la Teología cristiana, su triunfo sobre la muerte). Hay numerosas devociones vinculadas a la Pasión, entre las que destacan:

- el *Via Crucis* (que contempla en catorce "estaciones" diferentes escenas de la Pasión, deteniéndose frente a una imagen o una cruz y rezando);
- los "misterios dolorosos" del rosario;
- la meditación de las Siete Palabras;
- las representaciones dramatizadas de la Pasión, y las procesiones religiosas.[4]

El vía crucis es un ejercicio piadoso de la iglesia católica, con el cual los cristianos recuerdan en oración el camino de Jesús hacia el Gólgota llevando la cruz. Se compone tradicionalmente de 14 estaciones, cada una de las cuales evoca un momento de la Pasión (algunos de estos aparecen en los Evangelios, otros son añadidos por la tradición). Hay representaciones artísticas de cada paso del viacrucis.

Episodios de la Pasión en el arte[editar]

Son innumerables las obras de arte que representan episodios de la Pasión. La Pasión de Cristo es un tema recurrente en el arte cristiano. Su representación puede incluirse dentro del más amplio ciclo de la vida de Cristo, puede adecuarse estrictamente a los límites propios del concepto "Pasión", o incluso limitarse a una parte restringida de este (por ejemplo, al conjunto de las escenas del camino del Calvario), o a un solo episodio evangélico.

Entre los más representados:

- la Última cena y el Lavatorio de pies;
- la oración en Getsemaní;
- el prendimiento de Jesús y las distintas fases de su juicio;
- la flagelación;

- la subida al Calvario;
- la crucifixión;
- el descendimiento de la cruz (con las formas específicas de la *Pietà* y del Llanto sobre Cristo muerto).

Hay diversos elementos iconográficos identificativos de la Pasión de Cristo o de cada una de sus escenas. Los más usuales son:

- Las treinta monedas de plata que costó la traición de Judas Iscariote.
- La espada o dos espadas citadas en los pasajes evangélicos que van desde la última cena hasta el prendimiento de Cristo en el Huerto de los Olivos.
- El gallo cuyo canto (profetizado por Cristo) anunció las tres negaciones de San Pedro.
- El pilar y el látigo. Véase Cristo en la columna.
- La corona de espinas, el manto (a veces confundido con la túnica de Cristo) y otros los atributos reales usados para hacerle mofa, incluida la inscripción "INRI".
- La cruz y los instrumentos (llamados *Arma Christi* o instrumentos de la Pasión)[5] usados para clavarlo a ella (martillo, tenazas y los clavos de Cristo -cuyo número y disposición han sido históricamente objeto de debate-). Véase Cristo crucificado.
- La esponja con vinagre que le dan para calmar su sed y los dados con los que los soldados se rifaron sus vestidos (véase Las Siete Palabras).
- La lanza con la que le hirió Longinos.
- El cáliz que recogió la sangre de sus heridas, y que se identifica legendariamente con el de la última cena (Santo Grial)
- La escalera usada para bajar el cuerpo. Véase Descendimiento de Cristo.
- La vasija que contenía la mirra con que José de Arimatea ungió el cuerpo de Cristo[6] y el Santo Sudario usados en su entierro.

Iconografía evangélica del perfume[editar]

La palabra "Cristo" significa "ungido", y la crismación o unción es un elemento importante en varios rituales cristianos, así como símbolo de diferentes tópicos cristianos. Para San Cirilo de Jerusalén este ritual identifica al cristiano con Cristo, insistiendo en sus implicaciones sensoriales ("el cristiano es perfume de Cristo").[7]

La iconografía de las vasijas o tarros que contienen perfumes o ungüentos (y su interpretación metafórica -el alma, la gracia divina, los sacramentos-) és de la Pasión (los regalos de los magos de Oriente,[8] la que conservó el santo prepucio tras la circuncisión de Jesús,[9] la que utilizó la mujer que perfuma con sus cabellos los pies de Cristo en casa de Simón el fariseo[10] o en Betania -María de Betania-[11] o la que ungió su cabeza quebrando la vasija de perfume[12] -la personalidad de estas mujeres tradicionalmente se asocia hasta confundirse, identificándose con María Magdalena-,[13] o las que llevaban las Tres Marías al sepulcro -que hallaron vacío después de la resurrección-).[14]Véase unción con perfume de Jesús[15] y olor de santidad.[16]

Jesus de Nazareth fue crucificado en Judea entre los años 30 y 33 d. C. La crucifixión de Jesús se describe en los evangelios y en varios textos no cristianos de la época. La mayoría de los historiadores y especialistas en el Nuevo Testamento reconocen la crucifixión de Jesús de Nazaret como un hecho histórico,[123] atestiguada por historiadores y otros autores no cristianos de los siglos I y II d. C. que la mencionan.[4] Sin embargo, no existe un consenso entre historiadores sobre las circunstancias o los detalles de la crucifixión.[56]

Según el Nuevo Testamento, Jesús fue arrestado, juzgado por el Sanedrín de Jerusalén y sentenciado por el prefecto Poncio Pilato a ser flagelado y, finalmente, crucificado. En conjunto estos acontecimientos son conocidos como «la pasión de Cristo». Algunas fuentes no cristianas, como Josefo o Tácito, también aportan una imagen histórica, aunque muy esquemática, de la muerte violenta de Jesús.[4] Por otra parte, para la mayoría de los biblistas, la presencia de una inscripción o *titulus* de condena de Jesús de Nazaret —presente de forma unánime en los cuatro evangelios canónicos— constituye uno de los datos más sólidos del carácter histórico de su pasión.[789]

El sufrimiento de Jesús y su muerte representan los aspectos centrales de la teología cristiana, incluyendo las doctrinas de la salvación y la expiación. Los cristianos han entendido teológicamente la muerte de Jesús en la cruz como muerte en sacrificio expiatorio.[1011] Los cristianos católicos y ortodoxos celebran la Eucaristía como actualización o continuación, independientemente del tiempo y del espacio, de este mismo sacrificio.[1213]

Índice

Detalles de la crucifixión de Jesús[editar]

Armonización de los evangelios[editar]

Por la "Pasión de Cristo" se entiende los "padecimientos que sufrió Jesucristo antes de morir en la cruz",[14] sin relación necesaria a ningún evangelio particular, canónico o apócrifo, pero algunos han tratado de crear una armonía de los cuatro evangelios canónicos, como Taciano ya en el siglo II y entre académicos modernos K. Bornhäuser y P. Benoit.[15] Esta narración armonizada nunca fue aceptada como homogénea, como demuestran, por ejemplo, las disputas entre cristianos griegos y latinos sobre la fecha de la Pasión.[16][17][18] Y la Iglesia siria, que adoptó el Diatessaron de Taciano, que armonizó los cuatro evangelios canónicos, prefirió después abandonarlo en favor de los síngulos evangelios.[15] Y ya en el tiempo de Agustín de Hipona (354–430) se notaban las diferencias entre las narraciones de la pasión de Jesús que se leen en los evangelios canónicos, sin por eso rechazarlos.[19]

Juicio y condena[editar]

El juicio y muerte de Jesucristo son narrados de formas que algunos autores consideran contradictorias debido a que los detalles mencionados en los evangelios no solo no son coincidentes entre sí, sino además en ocasiones opuestos.

Según los tres Evangelios sinópticos (Mateo, Marcos y Lucas), Jesús fue arrestado en el jardín de Getsemaní por un grupo a las órdenes de los sumos sacerdotes, los escribas y los ancianos, y fue identificado por Judas Iscariote con un beso.[20] Según Juan, los que arrestaron a Jesús fueron guardias designados por los sumos sacerdotes y los fariseos, junto a un destacamento de soldados al mando de un "quiliarca", palabra griega habitualmente usada por los griegos para referirse a un tribuno militar romano, lo que parece presentar el arresto como obra de un oficial romano con soldados del praetorium. En esta versión Jesús se identificó a sí mismo.[21]

Algunos niegan la históricidad de lo que dice Juan acerca de una participación de soldados romanos en la operación (Mommsen, Blinzler, Barrett, Lohse, Besnier), otros la aceptan (Bruce, Goguel, Winter).[22]

Tras su detención Jesús fue conducido, según los sinópticos, a la casa del sumo sacerdote Caifás.[23] Según el Evangelio de Juan fue llevado primero ante Anás, quien después lo envió a su yerno Caifás, "sumo sacerdote aquel año".[24] La tradición judía consigna la crueldad de la clase dirigente saducea: "¡Ay de mí por la casa de Janín (Anás), ay de mí por sus calumnias!". (Talmud, Pes. 57.ª).

Hay diferencias incluso entre los tres sinópticos sobre la interrogación de Jesús por las autoridades judías. Marcos y Mateo hablan de una primera reunión aquella misma noche del entero Sanedrín, que decidió que Jesús merecía la muerte por blasfemia, y de una segunda reunión del Sanedrín a la mañana siguiente, que lo envió a Pilatos. Lucas habla de una única reunión del Sanedrín a la mañana y no menciona explícitamente la condena.[25] Juan no habla ni del Sanedrín ni de una condena en relación con la interrogación de Jesús por el sumo sacerdote después de su detención,[26] sino que habla de una reunión del Sanedrín tenida unas semanas antes, en relación con la resurrección de Lázaro de Betania, donde a instancias de Caifás se decidió dar muerte a Jesús.[27]

El erudito y sacerdote Raymond Edward Brown, uno de los primeros académicos católicos en usar la crítica histórica en la exégesis, observa que un recuerdo vigente entre la comunidad cristiana de una reunión tenida por el Sanedrín para discutir el problema constituido por Jesús pudo ser insertado en las narraciones de los sinópticos únicamente en relación con la llegada de Jesús a Jerusalén poco antes su muerte, la única visita a la ciudad que ellos mencionan. Juan narra varias visitas y eligió la de pocas semanas antes de la muerte de Jesús para mencionar esa reunión. Según Brown, una reunión del Sanedrín en esa ocasión, antes del arresto de Jesús, puede parecer más plausible que la sesión nocturna de urgencia postulada por Marcos y Mateo. Así Juan tomó la resurrección de Lázaro como causal de la sentencia del Sanedrín contra Jesús.[28] También Köstenberger piensa que la mención en Juan de una reunión relacionada con Lázaro explica su silencio sobre la sesión de la que hablan Marcos y Mateo.[29]

Brown observa que, para comprender lo que se transmite en los evangelios, y en las tradiciones orales que sus autores usaron como base, la obsesión de afirmar la historicidad de cada pormenor es un obstáculo no menos grande que la suposición de que los cristianos no sabían nada de lo que sucedió.[30] Según Brown, son cinco los puntos que tienen una base sólida en las narraciones de los cuatro evangelios:

1. Se convocó una sesión del Sanedrín para considerar cómo tratar con Jesús;
2. La noche de su detención Jesús fue interrogado por el sumo sacerdote;
3. Se discutió la amenaza al Templo que Jesús constituía;
4. El que instó a los otros para decidir la muerte de Jesús era el sumo sacerdote, al que Mateo y Juan identifican como Caifás;
5. Hubo el equivalente de una sentencia de muerte.[31]

Ed Parish Sanders, académico de la Universidad de Duke, uno de los precursores en la investigación contemporánea sobre el Jesús histórico, al analizar las diferencias del relato del juicio, también cree poco plausible la reunión nocturna de Mateo y Marcos:

"Es difícil creer que un tribunal se reuniese realmente la primera noche de la Pascua, tal como Mateo y Marcos lo afirman. Notemos que Lucas dice que Jesús fue conducido al Sanedrín al romper el día (Lc 22,66). Juan no presenta ningún juicio ante el Sanedrín. Es incluso más difícil creer que Mateo y Marcos estén en lo cierto al presentar dos juicios: uno durante la noche y otro a la mañana siguiente. Se ha pensado desde hace ya tiempo que el juicio nocturno (Mt 26,57-75//Mc 14,53-72) parece una expansión de la breve nota de una reunión en Mt 27,1//Mc 15,1 que se convierte en un proceso." [32]

Sanders concluye:

"No tenemos un conocimiento detallado de lo que ocurrió cuando el sumo sacerdote, y posiblemente también otros personajes, interrogaron a Jesús. No podemos saber si realmente se reunió «el Sanedrín». Además, dudo de que los primeros discípulos de Jesús lo supieran. [...] No pongo en duda que Jesús fuese arrestado e interrogado por orden del sumo sacerdote. Pero no podemos saber más. Los especialistas seguirán diseccionando los relatos del «juicio», pero mucho me temo que nuestro conocimiento no avanzará más por ello. Los relatos nos dan la impresión general de una noche confusa, y es probable que fuera así [...] Es improbable que alguien, incluso cercano a la escena, conociera precisamente quién hizo qué. Parece imposible que aquellos de quienes dependían los evangelistas conocieran los motivos internos de los actores”.[33]

Marcos y Mateo narran que el Sanedrín condenó a Jesús a muerte por blasfemia al declararse él ser el Mesías, el Hijo de Dios.[3435] Lucas al contrario no habla ni de una condena por parte del Sanedrín ni de una acusación de blasfemia y Juan no menciona ninguna reunión del Sanedrín ni en la noche de la detención de Jesús ni en la mañana siguiente.

Sanders y Brown juzgan que la acusación contra Jesús de blasfemia por declararse el Mesías y Hijo de Dios es una proyección atrás al tiempo de la Pasión, de las ideas del período de la composición de los evangelios, cuando estos términos tenían para los cristianos un sentido que a los contemporáneos judíos no cristianos parecía blasfemia.

“La causa que según Mateo y Marcos condujo a la acusación de blasfemia es la afirmación de Jesús de ser Cristo (el Mesías) y el Hijo de Dios, pero eso no es convincente... Como admiten casi todos los autores, ninguna de estas proposiciones pueden catalogarse como blasfema. [...] Los pretendientes posteriores a mesías no fueron acusados de blasfemia, y el título «hijo de Dios» puede significar cualquier cosa. En efecto, todos los israelitas se consideraban «hijos de Dios» (cf., por ejemplo, Rom 9,4), y sólo puede considerarse blasfemia la posterior afirmación cristiana de que Jesús era un ser divino... Me parece completamente concebible que hablar y actuar contra el Templo pudiera haber sido considerado blasfemo, pero según los evangelios esta acusación no llevó a la sentencia por blasfemia. Así pues,tenemos una acusación que podría constituir una blasfemia, pero de la que se nos dice que no condujo a nada, y una combinación de títulos que al tiempo que improbables no son blasfemos, pero que acabaron en una sentencia por «blasfemia». La escena del juicio es, pues, improbable desde todos los ángulos”.[36]

Brown interpreta que los evangelistas escribían para gente que interpretaba la pregunta del sumo sacerdote de la narración, "¿Eres el Mesías, el Hijo de Dios bendito?", como expresión de la hostilidad de los judíos contemporáneos a esta profesión de fe y alabanza litúrgica de los cristianos.[37]

Según los evangelios, luego de la interrogación por parte de los sumos sacerdotes (con o sin participación del Sanedrín), Jesús fue entregado a las autoridades romanas.[3839] A la mañana siguiente, pues los juicios romanos se hacían antes del mediodía, Jesús fue llevado ante Poncio Pilato, el prefecto-procurador romano de Jerusalén.[40] El Evangelio de Lucas añade que Pilato envió a Jesús ante Herodes Antipas, tetrarca de Galilea, que se encontraba de visita en Jerusalén por la Pascua, algo históricamente correcto ya que en la ley romana la jurisdicción correspondía al lugar de origen del acusado.[41] Según Lucas, Herodes menospreció a Jesús y lo mandó de vuelta a Pilato al no hallarlo culpable de nada (Lc 23:1-25).

Los evangelios presentan a Pilato como vacilante ante la condena a Jesús, y dicen que no lo halló culpable de nada merecedor de muerte. A pesar de lo anterior, la corona de espinas puesta sobre Jesús y el cargo escrito en el letrero del cargo indican que fue condenado a morir en la cruz bajo el cargo de sedición, al considerarse que se había proclamado rey de los judíos,[42][43][44][45] lo que significa, según una edición en español de los *Anales* de Tácito y una *Historia de España*, en la práctica la aplicación de la *Lex Appuleia de Maiestate* promulgada por Tiberio César 15 años antes. [46][47] Lo único que dice Tácito de esta cuestión es: *Christus Tiberio imperitante per procuratorem Pontium Pilatum supplicio adfectus erat* ("Bajo el Emperador Tiberio, Cristo fue ejecutado por el procurador Poncio Pilato"),[48] y Lucio Apuleyo Saturnino, autor de esa ley,[49] fue asesinado en el año 100 a. C. Su ley, probablemente del año 103 a. C., fue substituida después por otras, a partir de la *lex Cornelia maiestatis* del año 81 a. C. y la *lex Iulia maiestatis* de Julio César.[50][51]

La actitud misericordiosa y vacilante de Pilato, descrita en los evangelios, contrasta drásticamente con lo descrito por Flavio Josefo sobre su personalidad violenta y actos de extrema crueldad. Además el episodio que presenta a Pilato otorgando al pueblo la decisión de liberar por aclamación a un prisionero por ocasión de la fiesta de Pascua carece de precedente válido en las fuentes romanas, judías y helenísticas.[52]

Flagelación[editar]

La flagelación mediante el látigo llamado flagrum taxillatum o flagra era un preámbulo legal romano a toda ejecución. Una revista de la Asociación Médica Estadounidense, *The Journal of the American Medical Association*, describe así la práctica romana: "Por lo general el instrumento que se usaba era un látigo corto (flagelo) con varias tiras de cuero sueltas o trenzadas, de largo diferente, que tenían atadas a intervalos bolitas de hierro o pedazos afilados de hueso de oveja [...] Cuando los soldados romanos azotaban vigorosamente vez tras vez la espalda de la víctima, las bolas de hierro causaban contusiones profundas, y las tiras de cuero con huesos de oveja cortaban la piel y los tejidos subcutáneos. Entonces, a medida que se seguía azotando a la víctima, las heridas llegaban hasta los músculos esqueléticos subyacentes y producían tiras temblorosas de carne que sangraba".[53]

No se sabe cuántos latigazos recibió Jesús, pues según la ley judía solo se daban 39 golpes, mientras que los romanos solían dar mucho más. La humillación posterior que incluyó que lo disfrazaran de rey con un manto rojo, una caña en su mano derecha a manera de cetro y una corona de espinas, parece seguir una costumbre de las legiones, que escogían a un esclavo en las saturnales de fin de año para vestirlo de rey, humillarlo y luego sacrificarlo. Los soldados romanos le escupieron y golpearon. Se burlaban de él diciendo: «¡Salve, rey de los judíos!».[54]

Estaciones o caídas[editar]

Estaciones del Calvario Iglesia Nuestra Señora de la Asunción (Villamelendro de Valdavia).

Según los evangelios sinópticos, apenas sacado para ser ejecutado se obligó a llevar la cruz a un hombre llamado Simón de Cirene. En los evangelios nunca se menciona que Jesús cayera en tierra bajo el peso de la cruz o que una mujer llamada Verónica le limpiara el rostro con un paño: tales historias se remontan a la tradición eclesiástica posterior. En cambio, el Evangelio de Juan no menciona a Simón de Cirene, sino que describe a Jesús cargando su propia cruz.

En los evangelios Jesús fue conducido hasta un lugar llamado Gólgota (aram.: Gûlgaltâ), que significa, en arameo, «lugar del cráneo». El Evangelio de Marcos[55] dice que Jesús fue crucificado a la hora tercera (9 de la mañana), mientras que el Evangelio de Juan[56] dice que fue en la hora sexta (11 de la mañana a 12 del mediodía).

Los sinópticos dicen que fue crucificado entre dos salteadores,[57] o malhechores,[58] uno a su izquierda y otro a su derecha. El relato de Juan solo dice que fue crucificado entre dos personas, sin especificar su delito.[59]

A diferencia del arte cristiano y de ciertas obras cinematográficas, el reo tan solo cargaba una viga pequeña sobre ambos hombros, a manera de yugo, llamada *patíbulum*, *antenna* o *furca*, la cual solía usarse de viga transversal. Una cruz clásica completa se estima que habría pesado alrededor de 100 kg, haciéndose imposible que un hombre debilitado por la tortura pudiera cargarla.[60][61]

La concepción popular cristiana de Jesús cargando la cruz entera sobre sus hombros se presenta bastante tarde en el arte cristiano. La representación más antigua conocida de Jesús llevando la cruz data del 420–430. La imagen es una placa de marfil custodiada en el Museo Británico, y muestra a Cristo cargando una cruz desproporcionalmente pequeña, con forma de † que levanta y eleva de la tierra.[62][63] Similar no realista representación se muestra en un sarcófago ahora perdido que fue encontrado en Borgo Vecchio (con la pequeña cruz a forma de T).[64]

La confusión se refiere a la palabra griega para cruz (stauros) se usaba en las fuentes clásicas para referirse indistintamente a cualquier parte constituyente de la misma, y no necesariamente a una cruz completa.[65]

Inscripción del cargo[editar]

Junto al reo a veces se colocaba un *titulus* (en griego: τίτλος, *títlos*) o inscripción del cargo. El uso de este tipo de letreros del cargo está consignado en la *Historiæ Romanæ*, de Dion Casio (54.3.7-8). Los evangelios narran que sobre Jesús se colocó una inscripción semejante, pero solo el Evangelio de Juan declara que el *títlos* fuera escrito en tres idiomas, hebreo (que los profesores Alfred Wikenhauser y Brown, entre otros, sugieren podría ser el arameo[66]), griego y latín, a fin de ser leído por las multitudes de extranjeros que acudían a la Pascua.

El Evangelio de Juan dice que el letrero del cargo de Jesús decía «Jesús el Nazareno, el rey de los judíos» (ΙΗΣΟΥΣ Ο ΝΑΖΩΡΑΙΟΣ Ο ΒΑΣΙΛΕΥΣ ΤΩΝ ΙΟΥΔΑΙΩΝ).[67] En la versión más escueta de Marcos solo dice: «El rey de los judíos» (Ο ΒΑΣΙΛΕΥΣ ΤΩΝ ΙΟΥΔΑΙΩΝ);[68] en Lucas «Este es el rey de los judíos» (Ο ΒΑΣΙΛΕΥΣ ΤΩΝ ΙΟΥΔΑΙΩΝ ΟΥΤΟΣ);[69] y en Mateo «Este es Jesús el rey de los judíos» (ΟΥΤΟΣ ΕΣΤΙΝ ΙΗΣΟΥΣ Ο ΒΑΣΙΛΕΥΣ ΤΩΝ ΙΟΥΔΑΙΩΝ).[70] Solo Juan menciona también la objeción de los principales sacerdotes, que pidieron que se cambiase la inscripción para «Este dijo: Soy rey de los judíos». Pilatos desestimó esta petición respondiendo: «He escrito lo que he escrito» (Juan 19:22).

En el latín de la Vulgata la versión joánica del *títlos* es «IESUS NAZARENUS REX IUDAEORUM», y de ahí viene la sigla INRI típica del arte cristiano de tradición latina; en la tradición griega la abreviación es INBI, correspondiente al mismo texto de Juan: Ἰησοῦς ὁ Ναζωραῖος ὁ Βασιλεὺς τῶν Ἰουδαίων.

Expoliación y muerte[editar]

Era común que los grupos de ejecución estuvieran compuestos por cuatro soldados y un centurión, y que estos pudieran reclamar los bienes de la víctima como parte de su salario (expollatio). En efecto, la Biblia narra que, tras crucificarlo, los soldados se repartieron sus vestiduras.

También, a diferencia de lo representado tradicionalmente en el arte cristiano, el profesor Josef Zias, antropólogo de la Universidad Rockefeller y excurador del Departamento de Antigüedades y Museos de Israel, sugiere que las crucifixiones en Judea no habrían sido en cruces muy altas, en vista de que la madera más disponible para ejecuciones sería la de olivo y estos árboles no son muy altos, lo cual sugeriría que las personas eran crucificadas "a la altura de los ojos del observador".[71]

Según los Evangelios los romanos dieron de beber a Jesús vino con hiel. En tiempos de Jesucristo, los soldados romanos bebían un vino flojo, ácido o amargo, conocido en latín como *"acetum (vinagre)"*, o, cuando estaba diluido con agua, *"posca"*. Probablemente esta fue la bebida que se le ofreció a Jesús mientras estaba en la cruz. Según unos evangelios, él rehusó un vino agrio mezclado y drogado con mirra (o hiel) que se le presentó para aliviar su sufrimiento. Algunos piensan que este licor era preparado por las mujeres de Jerusalén para aliviar los dolores de las víctimas de crucifixión, y que los romanos aceptaban esto por condescendencia.[72] Sin embargo, otros dicen que, poco antes de expirar, sí aceptó vino agrio puro de una esponja que le acercaron a la boca.[73]

Hacia las tres de la tarde, Jesús exclamó: «Eloi, Eloi, lamá sabactani», que en arameo significa: «Dios mío, Dios mío, ¿por qué me has abandonado?». Sus últimas palabras antes de expirar fueron: «Padre, en tus manos encomiendo mi espíritu».[74] O simplemente "Todo ha sido cumplido", así las palabras finales de Jesús también difieren en los evangelios.[75]

Disposición de los clavos[editar]

El Evangelio de Juan[76] dice que a Jesús le clavaron las manos. Sin embargo, la palabra griega para mano, usada en el evangelio, es *"χείρ (kheír)"*, que se refiere tanto al antebrazo como a la mano. Esta palabra utilizada en los evangelios traducida como *"mano"* aparece también en Hechos de los Apóstoles,[77] donde se narra que las cadenas de Pedro cayeron de *"sus manos"*, siendo que debieron de estar colocadas en las muñecas. Debido a esto, el doctor Frederick Zugibe, exjefe médico forense del condado de Rockland, Nueva York, cree que los clavos pudieron haber sido colocados entrando en la palma, en la base del dedo pulgar y saliendo por la muñeca, pasando por el túnel carpiano.[78]

Respecto a cómo pudieron fijarse los pies de Jesús en la cruz, los restos encontrados en 1968 en la localidad de "Giv'at ha-Mivtar" (Ras el-Masaref), al norte de Jerusalén, ofrecen la única pista antropológica concreta jamás encontrada sobre una crucifixión. El arqueólogo V. Tzaferis revisó los restos, encontrando que en el hueso del calcáneo (talón) del pie derecho del difunto todavía había un clavo oxidado. Se trataba de un joven que había sido crucificado entre el año 7 y 66 d. C.[79] El profesor Nicu Haas, antropólogo de la *Universidad Hebrea y Escuela de Medicina Hadasha*, de Jerusalén, dirigió una investigación que examinó los restos. Haas concluyó que los dos talones habían sido clavados por un solo clavo.[80]

Un reexamen posterior de este hallazgo, hecho en 1985 por el profesor Joe Zias y el doctor Eliezer Seketes, de la Universidad Hebrea y Escuela de Medicina Hadasha, demostró que el clavo que Haas había supuesto de 17 a 18 cm de longitud, en realidad era de solo 11,5 cm, con lo que cada pie fue clavado por separado a cada lado de la cruz. Adicionalmente, se encontró una pieza de madera de acacia entre el hueso y la cabeza del clavo, presumiblemente utilizada para evitar que los talones se deslizaran a través del clavo.[81] Bien podría haber sucedido así con Jesús. Pero también *The International Standard Bible Encyclopedia* comenta: "Se ha especulado considerablemente sobre [...] la cantidad exacta de clavos que se usó. En las representaciones más antiguas de la crucifixión los pies de Jesús aparecen clavados por separado (s. V), pero en las representaciones posteriores están cruzados y fijados al palo vertical con un solo clavo".[82]

Por supuesto, lo anterior solo son posibilidades. El historiador judío Flavio Josefo escribió que durante el asedio de Jerusalén (70 d. C.) los soldados romanos "fuera de sí de rabia y odio se divertían clavando a los prisioneros *en diferentes posturas (allon allói skhémati)*".[83]

Suppedaneum[editar]

Cierta tradición artística cristiana también muestra un posapies o *"suppedaneum"* para fijar los pies de Cristo. Algunos creen ver este tipo de aditamento en el Grafito de Alexámenos, del s. II d. C. y en ciertos amuletos gnósticos con la imagen de Dionisio crucificado, posiblemente una de las más antiguas representaciones de la muerte de Cristo. Sin embargo, no hay mención en las fuentes de un *suppedaneum*.

San Agustín escribe a este respecto: «La viga vertical de la cruz, que asciende del suelo, en la cual el cuerpo estaba fijado (*infixum*)». ¿Estaba fijado el cuerpo entero? Claro está que solamente los pies estaban fijados: pero él entiende o bien 'adjunto' o 'apoyado', y no sé si lo que escribió haya sido 'apoyado' (*innixum*). No obstante, he oído que en dibujos y esculturas incluso antiguas hay indicios evidentes de este tablón: yo no lo rechazaría precipitadamente, indudablemente no de la cruz de Cristo; pero de otros lo haría con más osadía. ¿Pues qué trazas hay en los antiguos escritos?

Justo Lipsio, estudioso del siglo XVI, en su libro *De cruce libri tres*[84]

Otros componentes mencionados en las fuentes antiguas son el *cornu* y el *sedile* o "asiento". El poste central es el *stipes* o *palus*.

Posibles causas de muerte[editar]

Algunos investigadores han creído que la muerte de Jesús pudo producirse como resultado de una "rotura del corazón", debido a la historia evangélica del agua y la sangre que fluye de la herida de Cristo.[85] Según ellos, la ruptura cardíaca habría estado relacionada con un daño miocárdico previo que podría haber sucedido debido a un golpe en el pecho durante la ejecución. El relato sobre la sangre y el agua simplemente podría ser también un simbolismo o relato "milagroso" carente de significado forense.[86] [87]

Una teoría de Pierre Barbet[88] establece que la causa típica de la muerte en la cruz era la asfixia.[89] Pues, como todo el peso del cuerpo es soportado por los brazos estirados, el condenado tenía severos problemas para inhalar, debido a la hiperexpansión de los músculos intercostales y del pecho. Debido a eso los verdugos solían fracturar las piernas con mazos de hierro si querían acelerar la muerte (crurifragium), ya que así la víctima quedaba sin sustento para poder levantarse y seguir respirando. Sin embargo, el doctor F. Zugibe, de la Universidad de Columbia, ha concluido, luego de efectuar varios experimentos en voluntarios desde 1980, que cuando alguien se encuentra suspendido con los brazos de 60° a 70° desde la vertical, aunque se le presentan dificultades en la respiración, esta no le resulta imposible, y nota que los experimentos anteriores, en los que un colapso sucedía en solo seis minutos, se efectuaron en individuos suspendidos por las muñecas a menos de 40 pulgadas (un metro) de distancia una de la otra. Observa también que Jesús quedó suspendido por algunas horas, no diez minutos. Zugibe asegura que el *crurifragium*[90] era utilizado solo como "golpe de gracia", causando un shock traumático severo o una embolia grasa, pero de ninguna manera induciendo la muerte por asfixia.[78]

Hoy se cree que la muerte en una cruz podía suceder por múltiples razones, como shock hipovolémico a consecuencia de la hemorragia causada por los azotes y los clavos,[91] o sepsis generalizada por las heridas infectadas.[92] También podía suceder por la combinación de una serie de otras causas como deshidratación, insolación, cansancio crónico, que eventualmente podían llevar a un paro cardíaco, etc. Por todo ello sería injusto afirmar que la muerte de Jesús fue por una sola causa.[93][94][95] Existen, sin embargo, quienes defienden la hipótesis de que Jesús pudo no morir en la cruz, sino que simplemente hubiese caído inconsciente.

Fecha[editar]

Según los evangelios sinópticos Jesús habría sido ejecutado el mismo día de la Pascua judía, mientras que en el Evangelio de Juan fue en la víspera de esa fiesta.
La Enciclopedia Judaica explica:

"Tenemos que suponer que Jesús celebraba el festival la víspera, de acuerdo con la costumbre galilea, en caso de que la festividad tuviera que coincidir con el sábado. Pues según el concepto de [la escuela farisea de Shamay], prevaleciente en Galilea, el sacrificio del cordero pascual era un sacrificio particular y no era admisible en sábado".[96]

Aspectos astronómicos[editar]

Los cuatro evangelios mencionan que la crucifixión ocurrió hacia el mediodía. Los de Mateo (27:45) y Marcos (15:33) dicen que hubo tres horas de oscuridad. Lucas (23:45) usa un término que puede significar que el sol se eclipsó (el supuesto eclipse de crucifixión). Pero un eclipse solar no pudo ocurrir el 14 de nisán (o en fecha muy cercana), ya que en esa fecha del calendario judío, todos los años, aparece la luna en su fase llena (esto es, cuando la tierra está entre la luna y el sol) y el fenómeno astronómico únicamente se produce cuando hay luna nueva (o sea, cuando la luna está entre la tierra y el sol). Además, un eclipse solar no dura tres horas.

En la película *Barrabás*, del director Richard Fleischer y del productor Dino De Laurentiis, la escena de la crucifixión y muerte de Jesús fue filmada el 15 de febrero de 1961 durante un eclipse solar real, para reflejar lo que dice Lucas 23:45. La película comienza con la puesta en libertad de Barrabás en lugar de Jesús, y poco después Barrabás asiste a la crucifixión. Hacia el minuto 13 de la película se inicia la oscuridad, y Laurentiis rodó en tiempo real al del eclipse durante los 3 minutos y medio de oscuridad.

Historicidad[editar]

Desde la exégesis-teológica de Julius Wellhausen con la frase: *"Sin su muerte, Jesús no habría sido histórico"* respaldada por la historiografía moderna; hasta la crítica más radical de acuerdo al consenso de los eruditos del Jesus Seminar como un *"hecho accidental, pero histórico al fin"* le dan a la crucifixión de Jesús un auténtico respaldo sin precedentes para un personaje de la antigüedad. El bautismo de Jesús y su crucifixión son considerados dos hechos fácticos sobre Jesús.[97] James Dunn enuncia "que hay dos hechos en la vida de Jesús: el bautismo de Jesús y la crucifixión de Jesús que reclaman casi aceptación universal" y que "destacan con tanta preeminencia ... entre hechos que son imposibles de dudar o de negar... en la escala de hechos históricos" que muy a menudo son los puntos de inicio en el estudio del Jesús histórico.[98] Bart Ehrman enuncia que la crucifixión de Jesús por mandato de Poncio Pilato es el hecho más fehaciente que se tiene sobre Jesús.[99] John Dominic Crossman manifiesta que la crucifixión de Jesús es tan cierta como cualquier otra aseveración histórica podría serlo.[100] Eddy y Boyd manifiestan que a esta fecha ya ha sido "firmemente establecido" que tenemos acceso a confirmación no-cristiana de la crucifixión de Jesús.[101] Craig Blomberg dice que la gran mayoría de los académicos de la tercera "búsqueda del Jesús histórico" consideran la crucifixión como indiscutible. [102] Christopher M. Tuckett indica: "Que aunque las razones exactas para la muerte de Jesus son difíciles de determinar, uno de los hechos indiscutibles sobre él es que fue crucificado".[103]

Sin embargo existen teorías alternativas, tanto desde la perspectiva de otras visiones religiosas como desde la historia. Los musulmanes por ejemplo consideran que Jesús (Isa), Profeta y Enviado de Dios (Alá), no fue crucificado ni matado sino que Alá (Dios) lo elevó hacia sí (Corán 4:157-158).

La cruz de Cristo[editar]

El investigador Raymond Edward Brown afirmó: "El término "cruz" condiciona nuestro concepto de ella, porque transmite la idea de dos líneas que se cortan. Pero ni la voz griega *stauros* ni la latina *crux* tienen necesariamente ese significado".[104] La palabra original usada en la Biblia para referirse a este instrumento de muerte, σταυρός (*staurós*), primariamente solo significó "poste", "estaca" y luego llegó a emplearse, ya antes de Cristo, para referirse a una amplia gama de cruces que fueron utilizadas por los romanos en la antigüedad clásica.[105]

Brown afirmó que a pesar de la imposibilidad de saber a ciencia cierta, sobre la sola base del significado de la palabra σταυρός, cuál fue la forma específica de la cruz en que murió Jesús, ésta sí se puede concluir por el hecho de que Simón de Cirene o el mismo Jesús llevaron la cruz al lugar de la ejecución, que debe referirse al *patíbulum* que debía servir como travesaño de la cruz de ejecución. Así, por tanto, Jesús murió en una *crux compacta.*[106]

Una evidencia de la forma de la cruz se encuentra en la interpretación dada por los primeros cristianos a su postura de oración. Para las *Odas de Salomón* (desde finales del siglo I hasta principio del siglo II d. C.), la posición *orante*, con los brazos extendidos, que tomaban los primeros cristianos al rezar, representaba la posición de Jesús en la cruz.[107][108]

La representación de la figura del *orante*, que se encuentra frecuentemente en las catacumbas, crípticamente evocaba para los cristianos, entonces bajo persecución, la cruz y la crucifixión de Jesús de una manera que no entendían los no iniciados.[109] Así los cristianos oraban con los brazos extendidos en forma de cruz, mientras que los paganos oraban con las manos elevadas por encima de la cabeza.[110]

Tertuliano declaró que los cristianos no sólo elevan las manos sino también las extienden y confiesan a Cristo *imitando la pasión del Señor* en la oración.[111] Vio un reflejo de esta manera cristiana de orar en las aves que "se elevan hacia el cielo y extendiendo en vez de manos *la cruz de sus alas* dicen algo que parece ser una oración".[112]

Minucio Félix (entre 150 y 270 d. C.) también compara la forma de la cruz (*crux*) a la de un hombre que reza con las manos extendidas y a otros objetos similares: "Pues vemos la señal de la cruz, como es natural, en un barco llevado con velas hinchadas o deslizándose con remos expandidos; y cuando se eleva el travesaño es el signo de la cruz; y cuando un hombre con las manos extendidas venera a Dios con mente pura".[113] [114]

El anónimo autor de la *Epístola de Bernabé* indicó que la cruz de Cristo tuvo la forma de la letra T,[115] y por el otro lado consideró que Moisés, al extender sus brazos para rezar hizo una figura de la cruz.[116][117] Tertuliano dijo que la letra T "es la misma forma de la cruz".[118]

También en las primeras representaciones pictóricas de la crucifixión de Jesús es clara la presencia de un travesaño. La más antigua todavía existente es una gema de jaspe tallada a finales del siglo II o principios del siglo III, probablemente en Siria, y utilizada como amuleto, que actualmente se encuentra en el Museo Británico. Presenta a Jesús barbudo y desnudo, atado por cuerdas al travesaño de una cruz. La inscripción en idioma griego combina palabras mágicas con términos cristianos. La descripción en el catálogo de una exhibición en la que fue incluida observa: "La aparición de la crucifixión en una gema grabada de fecha tan temprana sugiere que imágenes del crucifijo (ahora perdidas) pueden haber sido generalizadas en el segundo y tercer siglo, más probablemente en contextos cristianos convencionales".[119]

A continuación se exponen teorías sobre la forma de la cruz de Cristo.

La terminología que se usa para referirse a diversas formas de la cruz fue inventada por Justo Lipsio en 1594.[120] La distinción fundamental se basa en el número de piezas de madera usadas para formar la cruz, una o dos. Si consiste en una única pieza, es una *crux simplex ad affixionem*: un único poste vertical al que se ataba al condenado con las manos elevadas sobre la cabeza. Si consiste en dos piezas, es una *crux compacta*: un conjunto donde el condenado tiene los brazos extendidos a ambos lados.[121] Como subdivisión de la *crux compacta*, Lipsio distinguió entre la *crux decussata* (a forma de X), la *crux commissa* (a forma de T) y la *crux immissa* (a forma de †).[121]

Brown indica que la única diferencia entre la *crux commissa* y la *crux immissa* era el lugar en que se dispusiera de la muesca en el poste vertical, o encima o en el lado, donde se insertaba el *patibulum* o travesaño traído al lugar de ejecución por el condenado.[106]

Crux commissa[editar]

La llamada *crux commissa*, "cruz Tau" o "cruz de San Antonio" es la forma de la cruz de Cristo presente en el más temprano arte paleocristiano, y en algunos de los más antiguos escritos sobre la cruz de Jesús.[115122] Además, según las fuentes griegas y latinas, esta era la forma más común y acostumbrada de crucifixión en el imperio romano.

No sería necesario bajar el travesaño para colocar el letrero del cargo, pues se podría incorporar un aditamento para ello, o simplemente aumentar el ángulo de los brazos para dejar un espacio sobre la cabeza.

El uso de las crux commissa fue tan común en el imperio romano que con el tiempo se consideró popularmente como la forma más natural de la cruz, llegando a asimilarse esta forma con la palabra misma. Por ejemplo, Luciano de Samosata, escritor grecosirio del s. II d. C., en su obra "El Juicio de las Vocales", constató la popularidad de este tipo de cruz:

"Así injuria a los hombres (la letra T) en cuanto a las palabras; y de hecho, ¡cómo los ultraja! Lamentándose los hombres, deploran su desgracia y maldicen a Cadmo por haber introducido la Tau (T) en el Gremio de las letras. Dicen que los tiranos la tomaron por modelo e imitaron su forma para labrar bajo el mismo tipo los maderos y fijar en una cruz en ellos a los hombres; y que de esta máquina infame proviene su nombre infame. Yo creo que no puede imponérsele en justicia otra pena menor que condenarla al suplicio de sí misma, para que en su propia figura expíe su delito, ya que la cruz se formó por ella y por ella también la llamaron así los hombres".[123]

Esta relación entre la palabra "stauros" y la letra "Tau" no implica que etimológicamente "stauros" signifique "fijar en Tau", sino que es un simple juego de palabras que refleja la manera natural y usual en que los hombres evocaban este instrumento de muerte.

Respecto a los escritores cristianos de los primeros siglos que atribuyen esta forma a la cruz de Cristo, esta se basa en la comparación que hacen con la letra Tau. Así, se pueden dar los siguientes ejemplos:

La seudoepigráfica *Epístola de Bernabé* de autor desconocido aparece en citas de Clemente de Alejandría y Orígenes a mediados del siglo II d. C. y por eso fue escrita al más tardar en la primera mitad de ese siglo,[124] o a fines del siglo I d. C.,[125] lo que la constituiría en uno de los textos más antiguos del cristianismo, junto a la *Didache*. En esta obra se describe la cruz (σταυρὸς) de ejecución como semejante a la letra T: "Abraham, que fue el primero en practicar la circuncisión, circuncidó a los de su casa mirando anticipadamente en espíritu hacia Jesús, tomando los símbolos de tres letras. Dice, en efecto, la Escritura: 'Y circuncidó Abraham de su casa a trescientos dieciocho hombres'. Ahora bien, ¿cuál es el conocimiento que le fue dado? Atended que pone primero los dieciocho y, hecha una pausa, los trescientos. El dieciocho se compone de la I, que vale diez, y la H, que representa ocho. Ahí tienes el nombre de IHSOUS. Mas como la cruz había de tener la gracia en la figura de la T, dice también los trescientos. Consiguientemente, en las dos primeras letras significa a Jesús, y en otra, la cruz".[115] También dice que Moisés hizo "una figura de la cruz y del que había de sufrir en ella" (τύπον σταυροῦ καὶ τοῦ μέλλοντος πάσχειν) al extender sus brazos para salvar al pueblo de la derrota (cf. Éxodo 17:8-13).[116117] Para demostrar que el escritor de la Epístola no podía ser Bernabé apóstol la *Cyclopædia* de McClintock y Strong del 1867 declaró: "Evidentemente el escritor no estaba familiarizado con las Escrituras Hebreas y ha cometido el disparate de suponer que Abrahám haya conocido el alfabeto griego varios siglos antes de que existiera".[126] La Epístola de Bernabé utilizó la interpretación alegórica de las Escrituras,[127] como hacían muchos Padres de la Iglesia, método justificado por precedentes en las mismas Escrituras,[128] habiendo sido muy utilizado por los escritores del Nuevo Testamento,[129] por ejemplo por Pablo en su Epístola a los gálatas.[130]

Tertuliano (escribió entre el 190 y 220 d. C.) *"Pero, para regresar a Moisés ahora, me pregunto, ¿por qué, cuando Josué estaba luchando contra Amalec, él no oró sentado, sino que extendió las manos...? A no ser que allí, [...] la figura de la cruz también era necesaria...". "Ahora la letra griega TAU en nuestra propia letra es una T y es la misma forma de la cruz".*[131]

Jerónimo (vivió en 347-420 d. C.) *"¿Qué es lo que dice indignado? '¡Esto podría haber sido vendido por más de trescientos denarios!', porque a él, que fue ungido con este perfume, se le crucificó. Nosotros leemos en Génesis que el arca que Noé construyó era de trescientos codos de longitud, de cincuenta codos su anchura y de treinta codos su altura. Noten la importancia mística de los números [...] El trescientos contiene el símbolo de la crucifixión. La letra T (tau) es la señal para trescientos".*[132]

Crux immissa[editar]

La versión más común en la iconografía cristiana es la *crux immissa* (con el travesaño bajado). El Evangelio de Mateo dice que el *titulus* fue puesto "por encima y arriba" de la cabeza de Jesús.[133] (Gr.: ἐπάνω, *epanō*), de la preposición ἐπί ("encima") y ἄνω ("por sobre"),[134]) en tanto que Lc 23:38 dice «sobre él». Según Raymond E. Brown, a esta última descripción se debe la representación de la cruz en forma de *crux immissa* en vez de *crux commissa*.[135] Si a Jesús se le hubiese fijado en una *crux simplex*, el *titulus* se habría puesto sobre sus manos o a una altura que le habría dificultado incorporarse para respirar. El profesor J. H. Bernard indica que esta declaración en Mateo "sugiere que la cruz era de la forma llamada crux immissa, con un travesaño para los brazos, como los pintores generalmente han representado que es".[136] La "International Standard Bible Encyclopedia" hace la misma observación: "La forma que normalmente se ve en las pinturas, la crux immissa (Cruz Latina "†"), es aquella donde el poste derecho se proyecta con un travesaño más corto. Por la mención de la inscripción clavada sobre la cabeza de Jesús, puede inferirse seguramente que esa es la forma de la cruz en que él murió".[137]

Respecto a los escritores cristianos de los primeros siglos que creían que fue esta la forma de la cruz de Jesús, se tienen, además del ya citado anónimo autor de la Epístola de Bernabé, otros ejemplos:

Justino Mártir (100–165 d. C.) vio como el autor de la Epístola de Bernabé una imagen de la cruz de Cristo en el episodio de Moisés que tenía los brazos extendidos a ambos lados (τὰς χεῖρας ἑκατέρως ἐκπετάσας): si Moisés relajó "esta figura que imita a la cruz (τοῦ σχήματος τούτου τοῦ τὸν σταυρὸν μιμουμένου), el pueblo perdía la batalla, y si se mantenía en esta posición, el pueblo vencía a causa de la cruz (διὰ τοῦ σταυροῦ)". Añadió que la victoria se debía no a la oración de Moisés sino a que quien mandaba en la batalla tenía el nombre de Jesús (en griego, Josué se llama Ἰησοῦς, Jesús) y porque Moisés estaba formando la señal de la cruz (τὸ σημεῖον τοῦ σταυροῦ ἐποίει).[138][139][140]

En la misma obra Justino describe la cruz (τὸν σταυρόν) como compuesta de un madero en posición vertical encajado por otro horizontal, mientras que otro sobresale en el medio, en el que se sientan los crucificados.[141] y dice que el cordero de Pascua es un símbolo del sufrimiento de la cruz (τοῦ πάθους τοῦ σταυροῦ) al que el Mesías tenía que someterse: para ser asado, fue dispuesto en la forma de la cruz (σχηματιζόμενον ὁμοίως τῷ σχήματι τοῦ σταυροῦ): "un espetón lo atravesaría desde la parte inferior hasta la cabeza y otro en la espalda, al cual se unía las patas".[141]

En su Primera Apología Justino declaró:

[...] "la cruz es ahora el símbolo más grande del poder de Dios y de su soberanía. De hecho, todos podemos observar que la forma de la cruz es esencial a nuestros asuntos rutinarios de la vida. Por ejemplo, tú utilizas la cruz cada vez que navegas a través del mar, el mástil forma una cruz. El arado del granjero es de esta misma forma, como lo son la mayor parte de las herramientas usadas por artesanos y trabajadores. Además, mira la forma del cuerpo humano y cómo difiere de los animales irracionales. Diferimos de los animales en el hecho de que nosotros nos mantenemos erguidos. Y cuando nuestros brazos se extienden formamos la figura de la cruz (τὸ σχῆμα τοῦ σταυροῦ). Finalmente, miren sus propias banderas y los estándares militares. Estos también tienen la forma de la cruz".[142][143]

Ireneo de Lyon (c. 130 - c. 202 d. C.) repite lo que ya dice Justino, afirmando: "La estructura de la Cruz presenta cinco extremidades: dos a lo largo, dos a lo ancho y en el centro una quinta, sobre la que se apoya el crucificado".[144]

Minucio Félix (entre 150 y 270 d. C.) compara la forma de la cruz (*crux*) a varios objetos cruciformes: "Pues vemos la señal de la cruz, como es natural, en un barco llevado con velas hinchadas o deslizándose con remos expandidos; y cuando se eleva el travesaño es el signo de la cruz".[113][114]

Incluso después de la legalización del cristianismo en el imperio romano (comienzo del siglo IV), y luego de la supresión de este tipo de ejecuciones, los escritores cristianos describían la cruz de Cristo como provista de un travesaño, como ya hacían todos los de época anterior citados.

Fírmico (escribió en 346 d. C.): *"¿Cuáles son esos cuernos que se afirma que él posee? [...] Los cuernos no significan otra cosa sino la venerable señal de la cruz. Por un "cuerno" de esta señal, el que es alargado y vertical, el universo se sostiene [...]; y por la juntura de los dos cuernos que van hacia los lados el Este está conmovido y el Oeste apoyado [...] Cristo, ¡Con tus brazos extendidos apoyas el universo y la tierra y el reino de los cielos! [...] Para conquistar a Amalec, Moisés extendió hacia afuera sus brazos imitando estos cuernos".*[145]

Rufino escribió cerca del 404 d. C.: *"Estas palabras, 'la altura y anchura y profundidad', son una descripción de la cruz. La porción de ella que está fijada en la tierra él llamó la profundidad. Por altura él quiso decir la parte que se estira sobre la tierra y va hacia arriba, por la anchura las partes que se extienden hacia fuera a la mano derecha y la izquierda [...] Cristo con sus manos extendidas, es más, según el profeta inspirado, él las mantuvo así a lo largo de todo el día hacia el pueblo que estaba sobre la tierra, testificándoles a los incrédulos y dando la bienvenida a los creyentes".*[146]

San Agustín, a su vez, escribió entre el 412 y 414 d. C.:

"Así que, arraigados y cimentados en amor, seáis plenamente capaces de comprender con todos los santos cuál es la anchura y la longitud, la profundidad y la altura', es decir, la cruz del Señor. Su anchura es simbolizada por la viga transversal en donde las manos se extienden; la longitud es la viga vertical de la cruz, que asciende del suelo, en la cual el cuerpo entero, desde las manos hacia abajo, estaba fijado; la altura, desde el poste hacia la cima lo que sobresale a la cabeza; la profundidad es la parte que está oculta, enterrada en la tierra".

"No fue sin razón que él escogió este tipo de muerte, ni la hubiese escogido, excepto porque en ella Él se destacó como el amo de esta 'anchura, longitud, altura y profundidad'. Ya que hay anchura en el travesaño, el cual se amarra arriba; esto se refiere a las buenas obras porque las manos se extienden allí. Hay longitud en la parte visible de la viga que se extiende hasta abajo a la tierra [...] La altura está en esa parte de la cruz que se extiende desde el travesaño hacia arriba, y se deja sobresalir para que apunte hacia arriba, es decir, desde la cabeza de los crucificados [...] Y ahora, verdaderamente, la parte de la viga que no se ve, cual es la que se entierra y se esconde, desde donde se levanta todo hacia arriba, significa la profundidad de la gracia que nos es dada gratuitamente".[147]

Respecto a la eventual presencia de un *suppedaneum* en la cruz, Justo Lipsio escribió:

"No sé si a este tema se refieran las palabras de Inocencio: 'En la cruz del Señor había cuatro piezas de madera. La viga perpendicular, el travesaño, el tronco de un árbol puesto por debajo, y el título (inscripción) puesto por encima'. [...] También nos relata Ireneo: 'La propia construcción de la cruz tiene cinco extremos, dos verticales y dos horizontales, y uno en el medio, donde la persona prendida con clavos se sienta. [...] Ellos dividen la cruz en cinco extremos (Tertuliano les llama "puntos"), los cuatro que se conocen y se cruzan entre sí; y el quinto, el cual ellos colocan a mitad de la cruz, en donde la viga transversal corta la viga fija. Con esto en consideración, hay cinco extremos".[148]

La principal objeción histórica que se ha hecho a estas descripciones es la lejanía temporal (ca. 150 d. C. para Justino Mártir, 80-120 [149] para la Epístola de Bernabé y mediados del siglo II[150] para las Odas de Salomón) respecto a lo descrito en los evangelios (a su vez escritos en las últimas décadas del siglo I: finales de los años 60 o comienzos de los 70 para el Evangelio según Marcos, que se considera ser el primero, y los años 80 o 90 para Mateo y Lucas,[151][152] y ca. 100[153] en el caso del Evangelio según Juan), y que se basarían en tradiciones más bien que en una auténtica memoria histórica. Ejemplos de interpolaciones semejantes se ven en las más antiguas imágenes de Jesucristo, en una de las que se representaba a Cristo como pastor sin barba,[154] lo que no corresponde con las costumbres judías que hoy se conocen de la antigüedad.[155][156][157] Otro ejemplo de las deficiencias de la tradición como determinante absoluta se puede notar por el hecho, ya mencionado, de que se empezase a representar a Cristo cargando una cruz completa cerca del 430 d. C. Si se toma en cuenta que la crucifixión fue prohibida por Constantino en el 337, se tiene que en menos de 100 años la tradición cristiana olvidó que los romanos solo hacían cargar el travesaño.

Crux simplex[editar]

Otra forma de imaginar la cruz de Cristo es la de una "crux simplex ad affixionem" o poste vertical sin travesaño, con las manos directamente sobre la cabeza, sostenida por algunos eruditos y religiosos de la última mitad del XIX y la primera del XX. El pastor Hermann Fulda escribió en 1878: "No había árboles disponibles en todo lugar que se escogía para una ejecución pública. Por eso, se hundía en el terreno una simple viga. A esta, con las manos levantadas hacia arriba, y frecuentemente también con los pies, se ataba o clavaba a los forajidos".[159][160] [161] [162] W. E Vine se adscribió a esta tesis en 1940.[163]

En efecto al parecer en ocasiones los romanos podían usar la forma de crucifixión simple sin travesaño, incluso directamente sobre árboles vivos, y a este respecto Joe Zias declara a su parecer que: "El número de individuos a ser crucificados, de hecho, puede haber determinado la forma en que la ejecución tomaba forma. Así, como en el caso de la cuenta de 6.000 prisioneros de guerra que fueron crucificados a lo largo de la Vía Apia entre las ciudades de Roma y Capua [cuando la rebelión de Espartaco], como parte de una celebración de la victoria, parece plausible que se empleara la manera más rápida y eficiente. Eso sería simplemente atar a la víctima al árbol o cruz con las manos suspendidas directamente sobre su cabeza". Zias no se pronuncia respecto a la muerte de Jesús, situación en la que los condenados eran tres, no 6000.

Una objeción que se ha presentado a esta hipótesis referida al caso de Jesús es la descripción de los propios Evangelios, donde se da a entender una pluralidad de clavos usados en las manos de Cristo. También la mención de que el letrero del cargo estaba sobre la cabeza de Jesús, y no sobre sus manos, presentaría una refutación a esta tesis. Un dibujo de una crucifixión en una *crux simplex ad affixionem* que Hermann Fulda consideró en 1878 "la más probable crucifixión del Salvador" muestra las manos clavadas de modo independiente sin recurrir a un travesaño.[164]

Otra objeción es que, como se ha visto, los cristianos del siglo II, en la misma época de la composición de los Evangelios, conociendo la forma usual de crucifixión romana, nunca describen la cruz de Cristo como una *crux simplex* sino como una cruz patibular compuesta con travesaño.

Asimismo se ha cuestionado la teoría porque la ausencia de un travesaño haría que la víctima muriera rápidamente de asfixia. Según el doctor Frederick Zugibe, la suspensión por las manos extendidas directamente sobre la cabeza a distancia de menos de un metro la una de la otra (como en una *crux simplex*) precipitaría la asfixia en pocos minutos, pero Jesús quedó suspendido por horas.[165] Eso explicaría la inclusión romana de aditamentos como el travesaño y el sedile (asiento), con el fin de prolongar la agonía en un progresivo refinamiento de crueldad. Relatos de testigos presenciales, prisioneros de guerra durante la Segunda Guerra Mundial en el campo de concentración de Dachau, indican que las víctimas suspendidas de vigas de sus muñecas expiraban en el plazo de diez minutos a una hora. Zias afirma que "la muerte de esta manera, que es una forma de crucifixión, es el resultado de asfixia", y que "si las víctimas eran atadas con las manos extendidas sobre sus cabezas [como en la hipótesis de la *crux simplex*], y se les dejaba colgando, la muerte podía sobrevenir en una hora, o en cuestión de minutos, dependiendo si las piernas de las víctimas eran clavadas, de tal forma que no pudieran utilizar sus brazos y elevar el cuerpo para exhalar".[166][167][168]

El principal argumento esgrimido en favor de esta teoría es el significado literal original de la palabra griega usada en los Evangelios. La obra *New Bible Dictionary* (1962), de James Dixon Douglas no acepta que los Evangelios hayan elegido usar el término en su sentido original en lugar de un sentido más actual: "La palabra gr[iega] para 'cruz' (*stauros*, verbo *stauroō*) significa primariamente una estaca o viga vertical y secundariamente un poste utilizado como instrumento de castigo y ejecución. [...] Además de la sola estaca vertical en la que se ligaba o se empalaba la víctima, hubo tres tipos de cruces [...] la *crux immissa* era la consabida a dos vigas †, que la tradición mantiene ser la forma de la cruz en la que murió nuestro Señor (Ireneo, *Haer.* ii. 24. 4). Esta se refuerza por las referencias en los cuatro Evangelios (Mt 28:37; Mc 15:26; Lc 23:38; Jn 19:19-22) al título clavado a la cruz de Cristo sobre su cabeza".[169] "Stauros" viene de la palabra griega ἵστημι (*Ístemi*),[170171] que significa "estar, parar, sostener, mantener (en pie)", etc., y a su vez deriva del indoeruopeo "stáo", que significa "tallo, erguido, erecto" (y de ahí "stand", en inglés, Stecken, Stand en alemán y en español "estaca").

En efecto, esa era la forma original de la crucifixión entre los pueblos orientales prerromanos, pero los romanos luego le incorporaron el travesaño y desde entonces la palabra "stauros" se usó en los escritos griegos para referirse a cualquier tipo de cruz de ejecución. El "Nuevo Diccionario Bíblico Ilustrado" dice: "Numerosas naciones de la antigüedad practicaban la crucifixión o un suplicio análogo. Primitivamente se empleaba un solo madero (de empalizada o de fortificación), o un palo aguzado en su parte superior... bien conocido por los asirios, persas, cartagineses y egipcios... Los griegos y romanos modificaron a su tiempo el primitivo madero, añadiéndole un madero transversal (patibulum)".[172]

Debido a esto último Raymond Edward Brown consideró excluida de la crucifixión de Jesús la hipótesis de la *crux simplex*, por el hecho de que los evangelios describen que Simón de Cirene (los sinópticos), o el mismo Jesús (Juan), llevaron al lugar de ejecución el *stauros*, lo que da a entender el rito romano de hacer a la víctima cargar el *patibulum*, que era unido como travesaño al poste vertical ya fijado en el suelo.[173]

Cruz árbol[editar]

Finalmente existe la hipótesis de que Jesús pudo haber sido fijado a un árbol vivo.

Haciéndose eco de la eventual escasez de madera, del número de los reos a ejecutar, o de la premura en las ejecuciones, existe la tesis planteada por, entre otros, el profesor Joe Zias de que los romanos en ocasiones podían crucificar a las víctimas directamente en árboles.[174] Zías, como ya se ha dicho, no se pronuncia sobre la ejecución de Jesús.

Es en programas de televisión donde documentalistas, como Jean-Claude Bragard y Bryan Bruce, han afirmado que Jesús también podría haber sido ejecutado en un árbol vivo, y Bruce atribuye esta opinión a Zias.[175][176] También el pastor evangélico John D. Keyser, de la iglesia "Hope of Israel", afirmó que Jesús murió en un *patibulum* fijado en un árbol y que los dos ladrones crucificados con él fueron atados al mismo árbol. Citando el libro *The Secrets of Golgotha*, de Ernest L. Martin, dice que el conjunto de árbol y *patíbulo* fue un *stauros* en el sentido amplio que esta palabra había asumido en el siglo I d. C.[177]

Además de la escasez de madera en el Israel de los días de Jesús otra de las bases propuestas para esta idea es que en algunos textos del Nuevo Testamento (Hch; Gl 3:13; 1Pd 2:24) se usa para referirse a la cruz de Cristo la palabra griega ξύλον (*xylon*), palabra que entre muchas otras acepciones tiene el significado de "árbol".[178] La posibilidad del sentido de "árbol" para la palabra ''xylon'' está confirmada en la Anábasis de Jenofonte, 6.4-5, y en Ap 22:14.

Sin embargo, se ha refutado que el sentido genérico de "madera" para la palabra xylón hace referencia a la materia de la que esta estaba construida y no a su forma. Este uso de la palabra xylón, para referirse a la cruz de Cristo, ha existido por siglos, sin por ello haber significado un árbol vivo. Ya en la literatura cristiana primitiva se usaba esta palabra, como en las *Odas de Salomón*:

Las Odas de Salomón (desde finales del siglo I hasta principio del siglo II d. C.): "Extendí mis manos y las acerqué a mi Amo, porque la extensión de mis manos es Su signo: Mi expansión es el xylón (árbol / cruz) extendido, el cual estaba levantado en el camino del Justo". (Oda 42:1-2).

Es así como frecuentemente se usa la palabra xilón para referirse a la cruz de Cristo en la liturgia griega, y sin embargo la iglesia ortodoxa siempre ha concebido la cruz de Cristo como una cruz patibular común.[179]

El tema de árboles vivos usados como cruces en otros contextos ha sido debatido ampliamente. En los tiempos prerrepublicanos, los romanos en ocasiones castigaban a los esclavos desobedientes atándolos a los árboles baldíos.[180] De acuerdo con esto, existió la tesis de que la crucifixión pudo haberse desarrollado a partir de la antigua costumbre del *arbori suspendere*, que era colgar a un reo de un *arbor* o *lignum infelix* (árbol infortunado o maldito) dedicado a los dioses del mundo de las tinieblas, pero el profesor William A. Oldfather escribió un detallado estudio refutando tal idea, señalando que este castigo no involucraba ninguna forma de ahorcamiento o de cualquier otro tipo de método para clavar o fijar al árbol, sino sólo muerte por flagelación.[181]

Tertuliano (quien indubitablemente creía en una cruz compuesta común para el caso de Jesús) menciona un caso donde se usaron árboles para crucificar a un grupo de sacerdotes de un dios fenicio que él llama Saturno.[182] Por su parte, Séneca el Joven utilizó antes la frase "árbol maldito" (lignum infelix) para referirse retóricamente a la cruz. Después de citar un poema de Mecenas, que habla de preferir la vida antes que la muerte, incluso cuando la vida esté cargada con los dolores de la vejez y de la tortura (*vel acuta si sedeam cruce*), Séneca discrepa, señalando que la muerte sería mejor que la crucifixión: "Yo contemplo como despreciable el deseo de seguir viviendo, aún hasta en la cruz;... ¿vale la pena aplastar tus propias heridas mientras cuelgas extendido de un patíbulo? ... ¿Se le ocurre a alguien que haya quien esté dispuesto a ser fijado en el árbol maldito (*infelix lignum*)? ¿Debilitado, deforme, hinchado, con ronchas horribles desde los hombros al pecho? ¡Tendría muchas razones para desear la muerte, incluso antes de montar en la cruz! Entregaría el alma antes que experimentar tales tormentos".

"*Contemptissimum putarem, si vivere vellet usque ad crucem; .. ¿Est tanti vulnus suum premere et patíbulo pendere districtum;... Invenitur, qui velit adductus ad illud* infelix lignum, *iam debilis, iam pravus et in foedum scapularum ac pectoris tuber elisus, cui multae moriendi causae etiam citra crucem fuerant, trahere animam tot tormenta tracturam?*[183]

Hallazgos arqueológicos de representaciones de la crucifixión de Jesús[editar]

El más temprano arte paleocristiano fue rico en simbología. Aparecen representaciones como El Buen Pastor, el Orante, la Paloma, el Pez, el Ancla, etc , pero extrañamente el signo de la cruz aparece en forma tardía, y la imagen de Cristo en ella todavía más. De todas formas hay algunos interesantes hallazgos que podrían significar, según su datación e interpretación, representaciones de la muerte de Cristo todavía más antiguas, y por ende, podrían arrojar alguna pista sobre las más tempranas tradiciones acerca de su crucifixión.

Cruces en osarios e inscripciones judías[editar]

En 1873 un famoso erudito francés, llamado Charles Clermant-Ganneau, informó del descubrimiento de una caverna de sepultura en el Monte de los Olivos. Dentro había 30 osarios,[184] varios de ellos tenían signos cruciformes junto a nombres tan comunes para ese tiempo como Juan o Jesús. Luego, en 1945 se descubrió una tumba familiar en "Talpiot", Jerusalén, por el Profesor E. L. Sukenik del "Museo de Antigüedades Judías de la Universidad Hebrea de Jerusalén". Dos osarios tienen el nombre de "Jesús" en griego. El segundo tiene también cuatro cruces grandes dibujadas. El Prof. Sukenik concluyó que las inscripciones y las cruces estaban relacionadas, siendo ellas *"expresiones de pesar por la crucifixión de Jesús"*. A la luz de estudios paleográficos, estas inscripciones datarían desde el siglo I a. C., al I d. C.[185]

Pero la opinión más actual de los arqueólogos es descartar la atribución cristiana a este tipo de marca, que en verdad aparece en el 40% de los osarios encontrados en Israel, incluso en los anteriores a los días de Cristo, ya que se ha concluido que se usaba simplemente para alinear la tapa a manera de marcas de albañil. Esta interpretación está confirmada por la presencia de un asterisco en el mismo lado de la tapa de los osarios. Esta es la opinión de arqueólogos como L. Y. Rahmani y Amos Kloner. Rahmani las llama *"Marca de dirección"*.[186] Esta conclusión es compartida por la investigación sobre supuestas marcas de cruces cristianas sobre una serie de osarios judíos del profesor R. H. Smith.[187]

Sin desmedro de lo anterior, otros académicos creen que los judíos del tiempo de Jesús usaban una "x" o un signo "+" como símbolo de protección basado en Ez 9:4.[188] Pero la letra hebrea Taw solo tenía apariencia de T en el antiguo paleohebreo y no en el hebreo cuadrado del siglo I, en que tiene el aspecto de una herradura invertida. En todo caso, solamente sería una marca simbólica de protección, no una cruz basada en el martirio de Cristo. Por ejemplo, una inscripción hebrea, datada del 136 d. C., encontrada en Palmira, una antigua ciudad de Siria, contiene una inscripción aramea encerrada entre dos "x":

X... לבריך שמה לעלמא עבר שלמן בר נשא בר צידא... ברק על היוהי והיי בנוהיבירה ניסן שנת תמו **X**

*"**X** Sea su nombre bendito por siempre. Bar (Hijo de) Shlomon, bar Nesa, bar Tsaïda, ... Baraq, por su salud y la de sus hijos. (Mes de) Nisán, año 447 **X**".*[189]

En Pompeya y Herculano[editar]

El descubrimiento en Pompeya y Herculano de varias cruces, incluida una de yeso en la pared de la llamada “Casa Pansa” y la huella de otra en la pared de una panadería en la llamada “Casa del Bicentenario”, se han interpretado como prueba de un temprano culto a la cruz cristiana y testimonio de la forma en que murió Cristo, anterior al año 79 d. C. La existencia del grafito de la Domus 22 de Pompeya, que dice *Bovius Audit Christianos* ("Bovio presta oídos a los cristianos"), parece reforzar esta hipótesis.

En cambio, el profesor José María Blázquez, en la obra “Cristianismo Primitivo y Religiones Mistéricas”, afirma que *“es dudoso que sea un símbolo cristiano en una fecha tan temprana,... pues la cruz como símbolo cristiano está atestiguada a partir del siglo IV, como en los sarcófagos núm. 171 y núm. 169 del Museo Laterano, ya de mediados de ese siglo, o el núm. 106 de este mismo museo, de finales de siglo”.*[190]

En esta misma línea el profesor Antonio Varone también descarta la adjudicación cristiana. Escribe que para encontrar *“un culto verdadero a la cruz como objeto, hay que esperar hasta el siglo IV, cuando la conversión del emperador y las masas de paganos haría que tal forma de veneración estuviera más acorde con su espiritualidad”*. Varone añade: *“Incluso en los siglos II y III y hasta los tiempos de Constantino es muy raro encontrar tal símbolo en conexión clara con el cristianismo”*. Asimismo afirma que, aparte de las dudas sobre la identificación de este símbolo que se supone que es una cruz cristiana, *"existe el descubrimiento en la misma panadería de la pintura de una divinidad con forma de serpiente, y algunos hallazgos sumamente obscenos que son también difíciles de conciliar con la supuesta espiritualidad cristiana del dueño de la panadería. Es sabido que desde los albores de la civilización, incluso antes de convertirse en símbolo de redención, el emblema cruciforme se utilizaba con un claro significado mágico y ritual. En tiempos antiguos se creía que la cruz tenía el poder de proteger de influencias malignas o destruirlas, y servía principalmente de amuleto”.*[191]

Sin embargo, para el arqueólogo español Antonio García y Bellido, el descubrimiento de Herculano tiene las características básicas de una especie de retablo perteneciente a un santuario privado cristiano, contrastando en mucho a una actividad sincrética no cristiana de la cruz conocida en la región; ello se apoya en cuatro hechos fundamentales: 1) Destaca la cruz, única y aislada, en el paño estucado, y el estar este precisamente al fondo de la habitación, frente por frente de la puerta de entrada, a través de la cual pasaba la luz que venía de una ventana abierta en el corredor, precisamente hacia el

Oriente. Recordando además las alas o batientes que la debían flanquear para cubrirla (algo ilógico en los cultos cruciformes pre-cristianos). 2) Está íntimamente ligada en su historia al desembarco en Pozzuoli de Pablo de Tarso en el año 60 d. C. de acuerdo con Hechos de los Apóstoles. 3) Su inesperable desaparición violenta del paño estucado que la enmarcaba sólo puede explicarse de forma plausible en relación con un evento cuya amenaza fuera la exposición del símbolo en sí, cumpliéndose muy probablemente esto durante la persecución neroniana del año 64 a 68 d. C., dado que no ocurre el mismo caso con otro tipo de reliquias religiosas, que sí fueron encontradas íntegras en demás viviendas (inclusive el cuadro de la serpiente tótem), lo que pudo interpretarse en su momento como «símbolo no grato» por su distintivo, y 4) Se encontró en un tipo de aposento que era muy probablemente destinado a esclavos que servían en ese tipo de comercios dentro de la villa patricia.[192]

El grafito de Alexámenos[editar]

En 1856, en una pared de las habitaciones usadas por la guardia pretoriana en las ruinas de los palacios imperiales de la ciudad de Roma, se encontró una inscripción en la que aparece una cruz de la que pende un asno. Enfrente está un hombre con los brazos abiertos en posición de oración que contempla la cruz. Una inscripción griega dice ΑΛΕΞΑΜΕΝΟϹ ϹΕΒΕΤΕ ΘΕΟΝ, *Alexámenos sébete Theón*, «Alexámenos venera a Dios». Se piensa que el grafito palatino data de los días del Emperador Marco Aurelio, entre 161-180 d. C., pero algunos lo han fechado tan tarde como durante el reinado de Alejandro Severo, entre 222-235 d. C.

El profesor J. M. Blázquez afirma que "la presencia de la cruz parece indicar que se trata de una burla anticristiana. Extendida estaba la acusación de que los judíos adoraron durante un tiempo la cabeza de un asno, según cuenta también Flavio Josefo (Contra Ap[ion]. 2,80)".[193]

La constatación de burlas anticristianas semejantes en esa misma época ha llevado a la mayoría de los estudiosos consultados a creer que este grafito se trataría de una blasfemia anticristiana. El escritor cristiano Tertuliano en sus Apologéticas escribió: *"Una nueva representación de nuestro Dios muy reciente se ha publicado en esta ciudad, que empezó por un cierto delincuente contratado para soslayar las bestias salvajes en la arena. Él desplegó un dibujo con esta inscripción: 'Onokoites, el dios de los cristianos'. La figura tenía las orejas de un asno, un pie estaba quebrantado y estaba vestido con una toga y llevando un libro".*[194] Igualmente el abogado y apologista cristiano Minucio Félix confirma esto al citar al opositor pagano Cecilio, que recogía la acusación de que los cristianos adoraban una cabeza de asno.[195]

Otro punto a favor de esta interpretación es que algunas de las más antiguas representaciones de Cristo en la cruz evitaron durante mucho tiempo el representar a Cristo desnudo, y lo presentan vestido con una túnica, lo que continuó hasta el siglo IX. Precisamente el grafito de Alexámenos muestra a un crucificado vestido, cosa contraria a la costumbre romana de desnudar a las víctimas. Otra indicación de que se trataría de una alusión a una cruz cristiana es que algunos han creído ver en sus trazos una cruz immissa, algo distinto a las típicas crucifixiones romanas, pero presente en la tradición cristiana.

Se ha objetado que en ese tiempo había otros cultos religiosos con signos cruciformes. La Enciclopedia Católica al referirse a este grafito informa:

"El Profesor Haupt buscó identificarlo como una caricatura de un adorador del dios egipcio Seth, el Tifón de los griegos, pero su explicación fue refutada por Kraus. Recientemente, una opinión similar se ha propuesto por Wünsch que toma su posición en la letra Y, que se pone cerca de la figura crucificada, y que también se ha encontrado en una lápida que se relaciona con el culto de Seth; él concluye, por consiguiente, que ese Alexámenos del grafito perteneció a la secta de Seth ([...] Wünsch, ed., "Setianische Verfluchungstafeln aus Rom", Leipzig, 1898, pp. 110. [...])".[196]

Otros han interpretado el Grafito de Alexámenos como una burla contra un adorador gnóstico y se basan en un sello de hematita datado inicialmente como de esa época, con epigrafía gnóstica, el llamado Orfeo Báquico. Fue inicialmente clasificado como una imagen cristiana, con lo que sería una de las primeras representaciones de Cristo en la cruz; mientras que desde la década de 1920 se dudó de tal identificación, creyéndose que pudiera representar otros cultos mistéricos, como el orfismo, o elementos simbólicos del *flamen Divi Iulii* (el sacerdote dedicado al culto de Julio César divinizado).[197] En 1926 se denunció como un posible fraude.[198] Estuvo en el *Altes Museum* de Berlín, y se perdió o fue destruido durante la Segunda Guerra Mundial.

Primeras representaciones[editar]

Algunos eruditos como Eric C. Smith y Richard Viladesau creen que la representación del orante (que es un tema iconográfico presente en el arte paleocristiano de las catacumbas), postura de oración conocida desde la antigüedad por paganos y judíos, tomó para los primeros cristianos un especial significado al evocar la cruz y la crucifixión de Cristo. Lo cierto es que los cristianos de los primeros siglos veían en esa forma de orar una representación de la crucifixión de Jesús: "No solo alzamos las manos, sino que también las extendemos, y *al imitar la pasión del Señor*, y al orar, confesamos a Cristo".[199] Según Naphthali Wieder, fue precisamente porque los cristianos interpretaron la oración con los brazos extendidos como una referencia a la crucifixión del Mesías que los judíos abandonaron esta postura de oración previamente tradicional en la liturgia judía.[200]

También se cree que en la simbología cristiana primitiva (s. II y III d. C.) el signo del ancla o "áncora" (imagen 1) era una forma velada para la cruz de Cristo, con la intención de ocultar su fe en tiempos de persecución.

Desde el siglo III empiezan las representaciones más explícitas, como una joya en cornalina que muestra la crucifixión de Cristo (imagen 2) junto a los doce apóstoles, del siglo III o IV d. C., procedente de la colección fotográfica y anotaciones del arqueólogo clásico John Beazley.[201]

La Enciclopedia Católica, bajo el apartado "Veneración de Imágenes", dice sobre la representación del cuerpo de Cristo en la cruz: "Los crucifijos más viejos que se conocen son los de las puertas de madera de Santa Sabina (imagen 3) en Roma y un tallado en marfil en el Museo Británico (imagen 4). Ambos son del siglo V. Un manuscrito siriaco del siglo VI (imagen 5) contiene una miniatura representando la escena de la crucifixión. Hay otras representaciones parecidas hasta el siglo VII, después del cual se torna usual la costumbre de agregar la figura de nuestro Señor a las cruces; el crucifijo tomó posesión en todos lados".[202]

El manuscrito iluminado al que se hace referencia es el llamado *Evangelio de Rabula*, que representa la Crucifixión y Resurrección de Jesucristo, probablemente escrito cerca del año 586 d. C. Es el único manuscrito iluminado del cristianismo siriaco temprano que ha sobrevivido hasta nuestros días. Se conserva en la Biblioteca Medicis Laurentiana, de Florencia (Italia).

A partir de la evidencia arqueológica, historiadores como el profesor J. F. Hurst han concluido que: "Entre los cristianos del primer siglo no se usaba el crucifijo ni ninguna representación material de la cruz".[203] Otra publicación dice: "Se puede afirmar con seguridad que fue solo después del edicto de Milán, en el 312 d. C., que se usó la cruz como señal permanente de nuestra Redención. De Rossi declara positivamente que ningún monograma de Cristo, descubierto en las catacumbas o en otros lugares, puede relatarse a un período anterior al año 312. Todavía después de ese año trascendental, la Iglesia, entonces ya libre y triunfante, se contentó con tener un monograma sencillo de Cristo: la letra griega ji o chi cruzada verticalmente por una rho (imagen 6), y a veces horizontalmente por una iota. El crucifijo más antiguo, al cual se hace referencia como objeto de adoración pública, es aquel venerado en la iglesia de Narbona, en la parte meridional de Francia, allá en el siglo VI".[204]

Hipótesis sobre el origen sincrético de la cruz eclesiástica[editar]

Se ha especulado sobre la razón por la que no hay representaciones cristianas indudables de la crucifixión de Jesús en el arte paleocristiano anterior al siglo IV. La hipótesis más común es que esta omisión tendría relación con las creencias cristianas arraigadas en el judaísmo que prohíbe el uso de imágenes.

Minucio Félix, abogado y escritor heterodoxo cristiano del s. II. d. C., no alude claramente ni con términos de ***veneración a la cruz***, sino que se limita a decir que la cruz «es un *signum* que está en el fundamento de todas las cosas de la naturaleza».[205] En su obra "el Octavius" escribió lo siguiente:

"Estáis muy lejos de la verdad cuando nos atribuis como objeto de nuestro culto un criminal y su cruz, cuando pensáis que hemos podido tomar por Dios un culpable o un mortal... Nosotros no honramos ni deseamos suplicios. Vosotros sois los que consagráis dioses de madera y adoráis cruces de palo como parte de sus ídolos" (Respuesta de Octavio a Cecilio sobre la veneración de la Cruz).

Minucio Félix: "el Octavius" (siglo II d. C.)

A este respecto la Enciclopedia Católica declara: "En el arte simbólico de los primeros siglos del cristianismo no se encuentra la representación de la muerte redentora de Jesús en el Gólgota. Los cristianos primitivos —bajo la influencia del Antiguo Testamento, que prohibía las imágenes esculpidas— no estaban dispuestos a representar ni siquiera el instrumento de la Pasión del Señor".[206] Pero el hallazgo en Dura Europos de una sinagoga judía del s. II con profusas pinturas murales muestra que, en esto, los cristianos habrían sido más extremistas que los hebreos.

En cambio se ha demostrado el uso religioso precristiano de símbolos cruciformes al margen de su uso en las ejecuciones romanas. G. S. Tyack llamó la atención a este hecho: *"Es extraño, y no obstante un hecho incuestionable, que en épocas muy anteriores al nacimiento de Cristo, y desde entonces en tierras no tocadas por las enseñanzas de la Iglesia, la Cruz ha sido usada como símbolo sagrado. [...] El Baco griego, el Tamuz tirio, el Bel caldeo y el Odín escandinavo, todos fueron simbolizados para sus devotos por un objeto cruciforme".*[207208]

"El signo de la cruz, representado en su forma más sencilla por el cruce de dos líneas en ángulos rectos, precede por mucho, tanto en Oriente como en Occidente, a la introducción del cristianismo. Se remonta a un período muy remoto de la civilización humana".[209] "Desde la más remota antigüedad la cruz era venerada en Egipto y Siria; y la tenían en igual honor los budistas de Oriente [...]. Los primeros cristianos quedaron impresionados y vieron los signos como tantos testimonios involuntarios de la verdad de su religión. Los discípulos mostraron, de hecho, no poca ingenuidad en sus intentos de descubrir la figura de una cruz en casi todos los objetos a su alrededor. Podían reconocerla en los árboles y las flores, en los peces y las aves, en las velas de un barco y en la estructura del cuerpo humano".[210] Killen se refiere también a Tertuliano, que dijo: "Si no mal me acuerdo, Mitra sella en sus frentes a sus propios soldados",[211] expresión que Killen interpretó como sellar con la señal de la cruz, pero la forma del sello no fue especificada por Tertuliano.[210]

Otros, como W. E. Vine, han ido más allá especulando incluso que este posible sincretismo habría sido deliberado y respondería a necesidades políticas y religiosas: *"Tuvo su origen en la antigua Caldea, y se utilizaba como símbolo del dios Tamuz (que tenía la forma de la mística Tau, la inicial de su nombre) en aquel país y en los países adyacentes, incluyendo Egipto. A mediados del siglo III d. C., las iglesias se habían apartado de ciertas doctrinas de la fe cristiana, o las habían pervertido. Con el fin de aumentar el prestigio del sistema eclesiástico apóstata, se recibió a los paganos en las iglesias aparte de la regeneración por la fe, y se les permitió mantener en gran parte sus signos y símbolos. De ahí que se adoptara la Tau o T, en su forma más frecuente, con la pieza transversal bajada, como representación de la cruz de Cristo. En cuanto a la Qui, o X, que Constantino declaró haber visto en una visión que le condujo a ser el valedor de la fe cristiana, aquella letra era la inicial de la palabra «Cristo», y no tenía nada que ver con «la cruz»".*[212] Actualmente esta hipótesis es sostenida por ciertas sectas e ideologías; por ejemplo, es defendida en el famoso documental *Zeitgeist*.

Críticas[editar]

Para la exégesis cristiana (especialmente en la vertiente católica) moderna las hipótesis de *"sincretismo"* en el símbolo de la cruz son "infundadas deliberadamente". Considerándose esencialmente que la mayor parte de estas son provenientes del libro "The Two Babylons", del teólogo escocés Alexander Hislop, publicado en 1858, la misma ha sido calificada por críticos como Bill Ellis como «propaganda de teorías conspiracionales», producto de la mezcla de "conocimientos rudimentarios sobre el antiguo Medio Oriente y una vívida imaginación".[213] Por su parte, Ralph Woodrow, quien en 1997 publicó "The Babylon Connection?", donde hiciera una retractación sobre mucha de la información expuesta anteriormente por Hislop que serviría de base bibliográfica para la obra "Babylon Mystery Religion" en 1966,[214] en el apartado referente a la cruz expone:

"La cruz es un símbolo de la muerte de Cristo, y es usada en todos lados por casi todas las denominaciones cristianas. Pero Hislop afirma ***que la cruz realmente vino de Babilonia****, y* ***que es el símbolo de Tammuz****.. La misma* ***señal de la cruz*** *que ahora Roma adora* ***fue usada en los misterios Babilónicos*** *(...) algunos han supuesto* ***que los Babilonios adoraron una cruz, se ponían cruces suspendidas del cuello, y exhibían cruces en sus templos.*** *Todo* ***en honor de Tammuz****. Esto,* ***simplemente no es verdad****.*

¿Que el diseño de la cruz fue usado en el mundo antiguo? No es ninguna sorpresa, de la misma manera crecientes, círculos, cuadrados, curvas, reglas, líneas, líneas onduladas, ángulos, triángulos y sus combinaciones. El libro de diseños decorativos del mundo antiguo confirma este punto con 3.064 dibujos. ***No hay ninguna razón para suponer que el diseño de la cruz era más prominente que otros****.*

Como la "Enciclopedia de Religión y Ética" de Hasting lo ha expresado.. "La verdad de que Jesús sufrió la muerte en la cruz, ha convertido esta figura infame en un símbolo de resurrección y salvación...."[215]

Sin embargo, la mayoría de los investigadores modernos se inclinan más bien en considerar que los primeros cristianos prefirieron el uso religioso de la cruz patibular porque sencillamente esta era la forma más común de crucifixión romana de sus días.

La crucifixión de Jesús desde la teología[editar]

Según la teología, la figura de la crucifixión de Jesús estaba prefigurada en el Antiguo Testamento siglos antes. Para constatar lo anterior se muestran figuras como la Serpiente de bronce (Números 21: 8), la cual puesta sobre un asta fue medio de curación para los israelitas picados por culebras, o incluso la sangre del cordero inmolado (Éxodo 12:7), la cual impresa en los dos postes y el dintel de las casas de los hebreos los preservó de la plaga de la muerte.[216] También está la marca que Ezequiel puso en la frente al pueblo que permaneció fiel, salvándolos de la muerte (Ezequiel 9;4). La palabra hebrea para la marca es la misma de la última letra del alfabeto (Tav), la cual escrita a mano tiene la forma de la cruz. En Griego es Tau (T), una de las formas posibles de la cruz donde murió Jesús.[217]

Negación[editar]

Islam[editar]

Artículo principal: Jesús en el islam

Las tradiciones islámicas niegan que Jesús murió físicamente, ya sea en la cruz o de otra manera.

El siguiente versículo del Corán dice:

Y por haber dicho: Nosotros matamos al Ungido, hijo de Maryam, mensajero de Allah. Pero, aunque así lo creyeron, no lo mataron ni lo crucificaron. Y los que discrepan sobre él, tienen dudas y no tienen ningún conocimiento de lo que pasó, sólo siguen conjeturas. Pues con toda certeza que no lo mataron.

4:157

En general, las tradiciones islámicas enseñan que Jesús fue llevado al cielo sin ser puesto en la cruz, pero que Dios transformó a otra persona para que pareciera exactamente como él y luego sea crucificado en su lugar.[218][219]

Maniqueísmo[editar]

Artículo principal: Jesús en el maniqueísmo

Algunas visiones del maniqueísmo, que fue influenciado por el gnosticismo, adhieren a la cristología docética o sostienen la idea de que alguien más fue crucificado en lugar de Jesús.[220][221][222]

Gnosticismo[editar]

El docetismo es la doctrina de que la existencia física de Jesús fue solo aparente, y que su forma humana era una ilusión.[223]

El bogomilismo sostenía que Jesús es un ser inmaterial que no se puede matar, y sus sufrimientos fueron solo aparentes.[224]

Biblioteca de Nag Hammadi[editar]

En el Primer Apocalipsis de Santiago, de los manuscritos de Nag Hammadi, Jesús se aparece a Santiago después de la crucifixión y declara que «nunca sufrí de ninguna manera».[225]

Según el Segundo Tratado del Gran Set, Simón habría sido crucificado en lugar de Jesús.[226]

En el Apocalipsis gnóstico de Pedro, Jesús dice: «Aquel a quien viste en el árbol, alegre y riendo, este es el Jesús viviente. Pero aquel en cuyas manos y pies clavan los clavos es su parte carnal, que es el sustituto avergonzado, el que nació a su semejanza».[227]

Otros[editar]

Algunas corrientes cristianas en Japón sostienen que su hermano menor fue crucificado en su lugar, mientras que Jesús huyó a través de Siberia al norte de Japón, donde formó una familia y murió a la edad de 106 años.[228][229]

Crucifixión de Jesús en el arte[editar]

Artículo principal: Cristo crucificado

B. Vida en el Espíritu del Emanuel

a. Resurrección de CristoJesus por los siglos de los siglos a través de la Humanidad y hasta la eternidad

La **resurrección de Jesús** es la creencia religiosa cristiana según la cual, después de haber sido condenado a muerte y ser crucificado,[1] Jesús fue resucitado de entre los muertos, como «primicias de los que durmieron» (1 Corintios 15:3-4),[2] siendo exaltado como Cristo (Mesías) y Señor.[3][4][5]

En el Nuevo Testamento, después de que los romanos crucificaron a Jesús, él fue ungido y enterrado en una tumba nueva por José de Arimatea, pero Dios lo resucitó de entre los muertos[6n. 1] y se apareció a muchas personas en un lapso de cincuenta días antes de ascender al cielo, para sentarse a la diestra de Dios.[7n. 2]

Para la tradición cristiana, la resurrección corporal fue la restauración de la vida de un cuerpo transformado (inmortal o incorruptible) impulsado por el espíritu,[8910] según lo descrito por Pablo y los Evangelios,[111213] que condujo al establecimiento del cristianismo.[14] En la erudición cristiana secular y liberal, las apariciones de Jesús se explican como experiencias visionarias[151617] que dieron ímpetu a la creencia en la exaltación de Jesús[18] y una reanudación de la actividad misionera de los seguidores de Jesús.[1519]

En la teología cristiana, la muerte y resurrección de Jesús constituyen los eventos más importantes y, como consecuencia, forman el fundamento de la fe cristiana.[20 n. 3] Su resurrección es la garantía de que todos los cristianos muertos serán resucitados en la segunda venida de Cristo.[22]

Los cristianos celebran la resurrección de Jesús el Domingo de Pascua, dos días después del Viernes Santo, el día de su crucifixión. La fecha de la Pascua se corresponde aproximadamente con el Pésaj, la observancia judía asociada con el Éxodo, que está fijado para la noche de la luna llena cerca del tiempo del equinoccio de primavera.[23]

Índice

Contexto histórico[editar]

Judaísmo del Segundo Templo[editar]

Artículo principal: Judaísmo del Segundo Templo

Véase también: Escatología judía

La idea de la resurrección aparece en los registros bíblicos en el Libro de Daniel durante el siglo II a. C. Daniel 12:1-3 constituye la primera referencia clara de una resurrección concreta (corporal).[24][n. 4] El verso plantea que «muchos de los que duermen en el polvo de la tierra» (es decir, los muertos) «serán despertados» (es decir, resucitarán). Añade que «resplandecerán como el resplandor del firmamento» y «como las estrellas a perpetua eternidad».[24] Este concepto de resurrección del cuerpo físico se repite en el judaísmo posbíblico, en la historia de la madre y los siete hermanos del Segundo Libro de los Macabeos (2 Macabeos 7).[26]

Para el siglo I, las tres principales sectas judías tenían comprensiones diferentes de lo que significaba la «resurreción». Josefo explicó sus ideas de la siguiente forma: los saduceos sostenían que tanto el alma como el cuerpo perecían al morir; los esenios, que el alma era inmortal pero no la carne; y los fariseos, que el alma era inmortal y que el cuerpo resucitaría para albergarlo.[27][28] No obstante, se debe considerar que el propio Josefo trató de representar a las sectas judías como escuelas filosóficas griegas, esforzándose en alinear a los epicúreos con los saduceos, los pitagóricos con los esenios y los estoicos con los fariseos. En todo caso, de estas tres posiciones, Jesús y los primeros cristianos parecen haber estado más cerca de los fariseos.[29]

Mason señala que para los fariseos, «el nuevo cuerpo es un cuerpo especial y santo», diferente del viejo cuerpo, «una opinión compartida hasta cierto punto por el antiguo fariseo Pablo» (1 Corintios 15:35).[30] No obstante, la evidencia de los textos judíos y de las inscripciones de las tumbas apunta a una realidad más compleja.[31] Los textos iban desde la visión tradicional del Antiguo Testamento de que el alma pasaría la eternidad en el inframundo hasta una creencia metafórica en la elevación del espíritu.[32] La mayoría evitó definir exactamente qué podría implicar la resurrección.[33]

Por otro lado, si bien existe un consenso de que Daniel exponía una «resurrección real de individuos de entre los muertos», Endsjø señala que la expresión «muchos de los que duermen en el polvo de la tierra serán despertados» probablemente tiene de fondo un renacimiento como seres angelicales (descritos metafóricamente como estrellas en el cielo de Dios). Tal renacimiento descartaría una resurrección corporal, ya que se creía que los ángeles no tenían carne.[31] Endsjø concluye que una resurrección de la carne era una creencia marginal.[33] Lehtipuu añade que «la creencia en la resurrección estaba lejos de ser una doctrina establecida del judaísmo del Segundo Templo».[34]

No obstante, para la época de Jesús, Wright señala que por la mayoría de los judíos creían o eran conscientes de la existencia de la doctrina de la resurrección, gracias a la interpretación de textos como Daniel 12:2-3, Isaías 26:19 y Ezequiel 37:1-14. Esta creencia, basada en el poder y el espíritu de YHWH, se había convertido en habitual.[35][36] Incluso la Septuaginta, la traducción de la Biblia hebrea al griego, interpretaba o incluso invertía el significado de otros textos veterotestamentarios para dar a entender (implícita o explícitamente) la resurrección.[37][n. 5] Otros textos intertestamentarios (*2 Macabeos*, *1 Enoc*, el *Apocalipsis de Moisés*, los *Testamentos de los Doce Patriarcas*, etc.) apuntaban en la misma dirección.[38] La resurrección ocurriría al final de los tiempos, pero nadie imaginaba que individuo alguno fuera a ser resucitado antes del gran día final.[36]

Civilización grecorromana[editar]

Artículo principal: Apoteosis

Los griegos sostuvieron que un hombre meritorio podía resucitar como un dios (el proceso de *apoteosis* o divinización), y los sucesores de Alejandro Magno hicieron que esta idea fuera muy conocida en todo el Medio Oriente a través de monedas con su imagen, un privilegio previamente reservado para los dioses.[39] La idea fue adoptada por los emperadores romanos y, en el concepto imperial romano de apoteosis, el cuerpo terrenal del emperador recientemente fallecido era reemplazado por uno nuevo y divino a medida que ascendía al cielo.[40] Los muertos apoteosizados permanecían reconocibles para quienes los conocieron, como cuando Rómulo apareció ante testigos después de su muerte pero, tal y como el biógrafo Plutarco (c. 46-120 d. C.) explicó este incidente, mientras que algo dentro de los humanos proviene de los dioses y retorna a ellos después de la muerte, esto sucede «solo cuando está lo más completamente separado y liberado del cuerpo, y se convierte en completamente puro, sin carne y sin mancha».[41]

N. T. Wright resume el concepto grecorromano así: «[e]l mundo antiguo estaba, pues, dividido en dos: quienes afirmaban que la resurrección no podía darse, aun cuando tal vez lo hubiesen deseado, y quienes decían que no deseaban que se diera, sabiendo que de todos modos no podía ocurrir. [...] El mundo pagano suponía que (la resurrección) era imposible [...] La divinización no requería resurrección; se producía constantemente sin ella. Afectaba al alma, no al cuerpo».[42]

Los registros bíblicos[editar]

De acuerdo con el Nuevo Testamento, Jesús fue resucitado por Dios,[n. 1] ascendió al cielo, a la «diestra de Dios»,[n. 2] y volverá de nuevo para cumplir el resto de la profecía mesiánica como la resurrección de los muertos, el Juicio Final y el establecimiento del Reino de Dios.

Los escritos en el Nuevo Testamento no contienen ninguna descripción del momento de la resurrección en sí, sino más bien dos tipos de descripciones de testigos presenciales: apariciones de Jesús a varias personas y relatos de ver la tumba vacía.

Fondo[editar]

La historia de la resurrección aparece en más de cinco lugares en la Biblia. En varios episodios en los cuatro Evangelios, Jesús anuncia su subsiguiente muerte y resurrección, que él afirma es el plan de Dios Padre.[43] Los cristianos consideran a la resurrección de Jesús como parte del plan de la salvación y la redención mediante la expiación del pecado del hombre.[44] La creencia en una resurrección corporal de los muertos llegó a ser bien establecida dentro de algunos sectores de la sociedad judía en los siglos previos a la época de Cristo, según lo registrado por Daniel 12:2, de mediados del siglo II a. C.: «Y muchos de los que duermen en el polvo de la tierra serán despertados, unos para vida eterna, y otros para vergüenza y confusión perpetua». Josefo en el siglo I, da la siguiente generalización: «Los fariseos creen en la resurrección de los muertos, y los saduceos no».[45] Los saduceos, líderes religiosos políticamente poderosos, rechazaron la otra vida, los ángeles y los demonios, así como ley oral de los fariseos. Los fariseos, cuyos puntos de vista se convirtieron en el judaísmo rabínico, finalmente ganaron (o al menos sobrevivieron) este debate. La promesa de una futura resurrección aparece en la Torá, así como en ciertas obras judías, como *La vida de Adán y Eva* (c. 100 a. C.) y en el libro farisaico de 2 Macabeos (c. 124 a. C.): «el Rey del mundo nos resucitará a una vida eterna» (2 Macabeos 7:9).[46]

Sin embargo, el judaísmo del siglo I no tenía la concepción de un solo individuo resucitado de entre los muertos como núcleo de la historia. El concepto judío histórico de la resurrección fue el de la redención de todo el pueblo.[47] Su concepto fue siempre que todos serían resucitados juntos al final de los tiempos. Así que la idea de una resurrección individual como centro de la historia era ajena a ellos.[48]

Pablo y los primeros cristianos[editar]

Los registros más antiguos escritos de la muerte y resurrección de Jesús son las epístolas de Pablo, que fueron escritas alrededor de dos décadas después de la muerte de Jesús, y muestran lo que los cristianos creían que había sucedido dentro de este marco de tiempo. En la epístola a los romanos, Pablo escribe que «su Hijo, nuestro Señor Jesucristo, que era del linaje de David según la carne, que fue declarado Hijo de Dios con poder, según el Espíritu de santidad, por la resurrección de entre los muertos» (Romanos 1:3-4).

La primera epístola a los corintios contiene uno de los primeros credos cristianos que se refiere a las apariciones post-mortem de Jesús y expresa la creencia de que fue resucitado de los muertos:

Porque primeramente os he enseñado lo que asimismo recibí: Que Cristo murió por nuestros pecados, conforme a las Escrituras; y que fue sepultado, y que resucitó al tercer día, conforme a las Escrituras; y que apareció a Cefas, y después a los doce. Después apareció a más de quinientos hermanos a la vez, de los cuales muchos viven aún, y otros ya duermen. Después apareció a Jacobo; después a todos los apóstoles; y al último de todos, como a un abortivo, me apareció a mí.

– 1 Corintios 15:3-8

Es ampliamente aceptado que este credo es anterior al apóstol Pablo. Los estudiosos han sostenido que en su presentación de la resurrección, Pablo se refiere a una tradición autoritaria anterior, transmitida en un estilo rabínico, que recibió y transmitió a la iglesia en Corinto. El credo también hace referencia a las apariciones a miembros destacados de la actividad de Jesús y la posterior iglesia de Jerusalén, incluyendo a Jacobo, el hermano de Jesús y los apóstoles, nombrando al apóstol Pedro (Cefas). Pablo, tal y como lo describe en su epístola a los gálatas, conocía personalmente a ambos.

Geza Vermes señala que el credo es «una tradición que él ha heredado de sus mayores en la fe sobre la muerte, sepultura y resurrección de Jesús». Los orígenes finales del credo probablemente se encuentran dentro de la comunidad apostólica de Jerusalén, habiéndose formalizado y transmitido a los pocos años de la resurrección. Hans Von Campenhausen y A. M. Hunter escribieron que el texto del credo supera los más altos estándares de historicidad y fiabilidad de origen. Hans Grass defiende un origen en Damasco y, de acuerdo con Paul Barnett, esta fórmula credal (y otras) eran variantes de la «tradición temprana básica que Pablo» recibió «en Damasco de Ananías en aproximadamente 34 [d. C.]» después de su conversión.

En la *ekklēsia* (Iglesia) de Jerusalén (de la cual Pablo recibió este credo), la frase «murió por nuestros pecados» derivó probablemente de un razonamiento apologético de la muerte de Jesús como parte del plan y el propósito de Dios, «conforme a las Escrituras», siguiendo a Isaías 53:4-11: «Ciertamente llevó él nuestras enfermedades, y sufrió nuestros dolores; y nosotros le tuvimos por azotado, por herido de Dios y abatido. Mas él herido fue por nuestras rebeliones, molido por nuestros pecados; el castigo de nuestra paz fue sobre él, y por su llaga fuimos nosotros curados [...]». La frase «resucitó al tercer día» sigue a Oseas 6:1–2: «Venid y volvamos a YHWH; [...] [n]os dará vida después de dos días; en el tercer día nos resucitará, y viviremos delante de él».

Los Evangelios y Hechos de los Apóstoles[editar]

Los cuatro evangelios contienen pasajes en los que se describe a Jesús como el que predice la resurrección venidera, o contienen alusiones que «el que lee, entienda» (p. ej., Marcos 2:20, Juan 2:19–22 y otros lugares); y tres clímax con sus apariciones póstumas después de haber sido crucificado (excepto en el final corto original de Marcos). El momento de la resurrección en sí no se describe en ninguno de los evangelios.

Jesús es descrito como «el primogénito de entre los muertos», *prototokos*, el primero en resucitar de entre los muertos y, por lo tanto, adquiere el «estatus especial del primogénito como hijo y heredero preeminente». Su resurrección es también la garantía de que todos los cristianos muertos serán resucitados en la parusía de Cristo.

Después de la resurrección, se describe a Jesús proclamando «salvación eterna» a través de los discípulos (Marcos 16:8), y posteriormente llamó a los apóstoles a la Gran Comisión (Mateo 28:16-20, Marcos 16:14–18, Lucas 24:44-49, Hechos 1:4-8 y Juan 20:19–23), en el que los discípulos recibieron el llamado «para que el mundo conozca las buenas nuevas de un Salvador victorioso y la misma presencia de Dios en el mundo por el espíritu». Según estos textos, Jesús dice a los discípulos que «recibiréis poder, cuando haya venido sobre vosotros el Espíritu Santo» (Hechos 1:8), que «se predicase en su nombre (del Mesías) el arrepentimiento y el perdón de pecados en todas las naciones, comenzando desde Jerusalén» (Lucas 24:46-47) y que «[a] quienes remitiereis los pecados, les son remitidos; y a quienes se los retuviereis, les son retenidos» (Juan 20:12–23).

El Evangelio de Marcos termina con el descubrimiento de la tumba vacía por María Magdalena, Salomé y «María la madre de Jacobo». Un ángel en el sitio de la tumba les anunció que Jesús había resucitado, y les ordenó «decid a sus discípulos, y a Pedro, que él va delante de vosotros a Galilea; allí le veréis, como os dijo» (Marcos 16:7). Además, señala que Jesús se apareció primero a María Magdalena, luego a dos seguidores fuera de Jerusalén, y luego a los once apóstoles restantes, comisionándolos a difundir «las buenas nuevas» (evento a menudo referido como la «Gran Comisión»), diciendo: «El que creyere y fuere bautizado, será salvo; mas el que no creyere, será condenado» (Marcos 16:16)

En Mateo, Lucas y Juan, el anuncio de la resurrección es seguido por las apariciones de Jesús primero a María Magdalena y luego a otros seguidores. Mateo describe una sola aparición en Galilea, Lucas describe varias apariciones en Jerusalén, Juan menciona apariciones tanto en Jerusalén como en Galilea. En algún momento, estas apariciones cesaron en la comunidad cristiana primitiva, como se refleja en las narraciones del Evangelio: Hechos de los Apóstoles señala que Jesús siguió «apareciéndoseles durante cuarenta días» (Hechos 1:3). Lucas describe a Jesús ascendiendo al cielo en un lugar cerca de Betania (Lucas 24:50-51).

En el Evangelio de Mateo, un ángel se le apareció a María Magdalena en la tumba vacía, diciéndole que Jesús no está allí porque ha sido resucitado de entre los muertos, e instruyéndola a decirle a los otros seguidores que vayan a Galilea para encontrarse con Jesús. Jesús se le apareció a María Magdalena y «la otra María» en la tumba; y luego, siguiendo a Marcos 16:7, Jesús se apareció a todos los discípulos en una montaña en Galilea, donde proclamó que «[t]oda potestad me es dada en el cielo y en la tierra», y comisionó a los discípulos a predicar el evangelio a todo el mundo. Mateo presenta la segunda aparición de Jesús como una deificación, comisionando a sus seguidores a «haced discípulos a todas las naciones, bautizándolos en el nombre del Padre, y del Hijo, y del Espíritu Santo; enseñándoles que guarden todas las cosas que os he mandado» (Mateo 28:16-20). En este mensaje, los tiempos finales se retrasan, «para llevar al mundo al discipulado».

En el Evangelio de Lucas, «las mujeres que habían venido con él desde Galilea» (Lucas 23:55) llegaron a su tumba, que encontraron vacía. Dos seres angelicales aparecieron para anunciar que Jesús «[n]o está aquí, sino que ha resucitado» (Lucas 24:1-5). Jesús se apareció a dos seguidores en su camino hacia Emaús, quienes notifican a los once apóstoles restantes, quienes responden que Jesús se le apareció a Pedro (Lucas 24:13-35). Mientras describían esto, Jesús apareció de nuevo, explicando que él es el Mesías que resucitó de entre los muertos según las Escrituras y que «se predicase en su nombre el arrepentimiento y el perdón de pecados en todas las naciones, comenzando desde Jerusalén» (Lucas 24:47). En Lucas-Hechos (dos obras del mismo autor), Jesús luego ascendió al cielo, su hogar legítimo.

En el Evangelio de Juan, María Magdalena encontró la tumba vacía e informó a Pedro. Luego vio a dos ángeles, después de lo cual Jesús mismo se le apareció. Por la noche, Jesús se apareció a los otros seguidores, seguido de otra aparición una semana después (Juan 20:1-29). Más tarde se apareció en Galilea a Pedro, Tomás y otros dos seguidores, y le ordenó a Pedro que cuidara a sus seguidores (Juan 21:1-19)

En Hechos de los Apóstoles, Jesús se apareció a los apóstoles durante cuarenta días y les ordenó que se quedaran en Jerusalén (Hechos 1:3), después de lo cual Jesús ascendió al cielo, seguido de la venida del Espíritu Santo en Pentecostés, y la tarea misionera de la iglesia primitiva.

La resurrección de Jesús[editar]

Véase también: Armonía de los Evangelios

En el Nuevo Testamento, los cuatro evangelios concluyen con una narrativa extensa del arresto de Jesús, su juicio, su crucifixión, su sepultura y su resurrección. En cada uno de estos cinco eventos evangélicos en la vida de Jesús son tratados con más intensos detalles que cualquier otra parte de la narrativa de Evangelio. Los estudiosos señalan que el lector recibe prácticamente un relato de hora a hora de lo que está sucediendo. La muerte y la resurrección de Jesús pasan a considerarse como el clímax de la historia, el punto en el cual todo se ha ido dirigiendo durante todo el tiempo.[49]

Después de su muerte por crucifixión, Jesús fue colocado en una tumba nueva que fue descubierta vacía en la madrugada del domingo. El Nuevo Testamento no incluye un relato del «momento de la resurrección». En los iconos de la Iglesia oriental no se representa ese momento, pero muestran a las miróforas y representan escenas de la salvación.[50][51] Las principales apariciones de Jesús resucitado en los evangelios canónicos (y, en menor medida, en otros libros del Nuevo Testamento) son reportadas como ocurridas después de su muerte, sepultura y resurrección, pero antes de su ascensión.[52][n. 6]

Entierro[editar]

Artículo principal: Sepulcro de Cristo

Los evangelios sinópticos coinciden en que, a medida que la noche se acercaba después de la crucifixión, José de Arimatea pidió a Pilato el cuerpo de Jesús y, después de que Pilato concediera su petición, lo envolvió en una sábana y lo pusieron en una tumba.[53] Esto estaba de acuerdo con la ley mosaica, que establece que no debe permitirse que una persona colgada en un madero permaneciera allí por la noche, sino que debía ser enterrada antes del ocaso.[54]

En Mateo, José es identificado como un hombre «que también había sido discípulo de Jesús» (Mateo 27:57-61); en Marcos, como un «miembro noble del concilio (Sanedrín), que también esperaba el reino de Dios» (Marcos 15:42-47); en Lucas, como «miembro del concilio, varón bueno y justo. Este, que también esperaba el reino de Dios, y no había consentido en el acuerdo ni en los hechos de ellos» (Lucas 23:50-56); y en Juan, como «discípulo de Jesús» (Juan 19:38-42).

El Evangelio de Marcos dice que cuando José de Arimatea pidió el cuerpo de Jesús, Pilato se sorprendió que Jesús ya estuviera muerto, y llamó al centurión para confirmar esto antes de dar el cuerpo a José. En el Evangelio de Juan, se hace constar que José de Arimatea fue asistido en el proceso de enterramiento por Nicodemo, quien llevó una mezcla de mirra y áloe e incluyó estas especias en la ropa de entierro por las costumbres judías (Juan 19:38-42).

El descubrimiento de la tumba[editar]

Artículo principal: Tumba vacía

Aunque ningún Evangelio da un registro inclusivo o definitivo de la resurrección de Jesús o sus apariciones, hay cuatro puntos en los que convergen los cuatro evangelios:[55]

1. Resaltar el removimiento de la piedra que estaba cerrando la tumba.
2. La vinculación de la tradición de la tumba vacía y la visita de las mujeres con «el primer día de la semana».
3. Que el resucitado Jesús eligió primero aparecerse a las mujeres (o a una mujer) y encargarle a ellas (ella) proclamar este hecho tan importante a los discípulos, incluyendo a Pedro y los otros apóstoles.
4. La prominencia de María Magdalena.[50][56]

Las variantes tienen que ver con el momento preciso en el que las mujeres visitaron la tumba; el número y la identidad de las mujeres; el propósito de su visita; la aparición del (los) mensajero(s), ángeles o humanos; su mensaje a las mujeres; y la respuesta de las mujeres.[50]

Los cuatro evangelios reportan que las mujeres fueron las primeras en encontrar la tumba vacía de Jesús, aunque el número varía de uno (María Magdalena) a un número no especificado. De acuerdo con Marcos y Lucas, el *anuncio* de la resurrección de Jesús fue hecho por primera vez a las mujeres De acuerdo con Marcos y Juan, Jesús realmente se *apareció por primera vez* (en Marcos 16:9 y Juan 20:14) solo a María Magdalena.[50] En palabras de Stagg: «Mientras que otros encontraban a la mujer como no cualificada o autorizado para enseñar, los cuatro Evangelios muestran que el Cristo resucitado encargó a las mujeres anunciar a los hombres, entre ellos a Pedro y los demás apóstoles, la resurrección, el fundamento del cristianismo».[50]

En los evangelios, especialmente los sinópticos, las mujeres desempeñan un papel central como testigos de la muerte de Jesús, su sepultura, y en el descubrimiento de la tumba vacía.[57] Los tres sinópticos en repetidas ocasiones hablan de las mujeres junto con el verbo «ver», presentándolas claramente como testigos oculares.[57][58][59]

Las apariciones de Jesús resucitado[editar]

Artículo principal: Apariciones de Jesús resucitado

Después de descubrirse la tumba vacía, los evangelios indican que Jesús hizo una serie de apariciones a los discípulos. Él no era reconocible de inmediato, según Lucas.[60] E. P. Sanders llegó a la conclusión de que a pesar de que podría aparecer y desaparecer, él no era un fantasma. Lucas es muy insistente en que, en palabras de Sanders, «el Señor resucitado podía ser tocado, y podía comer» (cf. Lucas 24:39-43). Él primero se apareció a María Magdalena, pero ella no lo reconoció al principio. Los dos primeros discípulos a los que se apareció, caminaron y hablaron con él durante bastante tiempo sin saber quién era (el camino de la aparición de Emaús, Lucas 24:13-32). Él se dio a conocer «al partir el pan» (Lucas 24:35). Cuando se apareció por primera vez a los discípulos en el Cenáculo, Tomás no estaba presente y no quiso creer hasta una aparición posterior, donde fue invitado a poner su dedo en los agujeros en las manos y el costado de Jesús (Juan 20:24-29). Junto al mar de Galilea animó a Pedro a servir a sus seguidores (Juan 21:1-23). Su última aparición sucede como cuarenta días después de la resurrección, cuando fue «recibido arriba» en el cielo (Lucas 24:44-53, Hechos 1:1-4), y se sentó a la diestra de Dios (Marcos 16:19, Colosenses 3:1).

En un momento posterior, en el camino a Damasco, Saulo de Tarso, entonces el mayor perseguidor de los primeros discípulos, se convirtió al cristianismo después de tener una extraordinaria visión y escuchar a Jesús, lo que lo dejó ciego durante tres días (Hechos 9:1-20). Saulo más tarde sería conocido como el apóstol Pablo (Hechos 13:6),[61] uno de los misioneros y teólogos más importantes del cristianismo.[62]

Historicidad y origen de la narrativa[editar]

Artículo principal: Historicidad y origen de la resurrección de Jesús

La historicidad y el origen de la resurrección de Jesús ha sido objeto de investigación y debate históricos, así como un tema de discusión entre los teólogos. Los relatos de los Evangelios, incluyendo la tumba vacía y las apariciones de Jesús resucitado a sus seguidores, han sido interpretados y analizados de diversas maneras: como relatos históricos de un evento literal, como relatos precisos de experiencias visionarias, como parábolas escatológicas no literales y como fabricaciones de escritores cristianos primitivos, entre varias otras interpretaciones. Algunas hipótesis son, por ejemplo, que Jesús no murió en la cruz, que la tumba vacía fue el resultado de que el cuerpo de Jesús fue robado o (como era común con las crucifixiones romanas) que Jesús nunca fue sepultado. Los historiadores posteriores a la Ilustración trabajan con el naturalismo metodológico, lo que les impide establecer milagros como hechos históricos objetivos.

Según R. A. Burridge, el consenso mayoritario entre los eruditos bíblicos es que el género de los Evangelios es una especie de biografía antigua y no un mito.[63] E. P. Sanders argumenta que un complot para fomentar la creencia en la resurrección probablemente habría resultado en una historia más consistente.

Como acontecimiento histórico[editar]

E. P. Sanders sostiene que un complot concertado para fomentar la creencia en la resurrección probablemente habría dado lugar a una historia más coherente, y que algunos de los que participaron en los acontecimientos dieron sus vidas por sus creencias. Sanders ofrece su propia hipótesis, afirmando que: «parece haber sido una competición: ‹Yo lo vi›, ‹yo también›, ‹las mujeres lo vieron primero›, ‹no, yo lo hice; ellos no lo vieron en absoluto›, y así sucesivamente». En la defensa de la historicidad de la resurrección, Sanders va aún más allá: «Que los seguidores de Jesús (y más tarde Pablo) tuvieron experiencias de resurrección es, a mi juicio, un hecho. Lo que en realidad dio origen a las experiencias es algo que desconozco».[64]

James Dunn escribe que, mientras que la experiencia de la resurrección del apóstol Pablo era «de carácter visionario» y «ni material ni físico», los relatos en los Evangelios son muy diferentes. Sostiene que «el ‹realismo masivo› de las apariciones [de los Evangelios] sólo puede ser descrito como visionario con grandes dificultades; y ciertamente rechazar la descripción de Lucas no es apropiado» y que la primera concepción de la resurrección en la comunidad cristiana de Jerusalén era física.[65]

N. T. Wright argumenta que el relato de la tumba vacía y las experiencias visionarias apuntan hacia la realidad histórica de la resurrección.[66] Él sugiere que las múltiples líneas de evidencia del Nuevo Testamento y las creencias de los primeros cristianos reflejadas demuestran que sería muy poco probable que la creencia en la tumba vacía simplemente apareciera sin una base clara en la memoria de los primeros cristianos. A la par de las experiencias visionarias ciertamente históricas de los primeros discípulos y apóstoles, la resurrección de Jesús como una realidad histórica se convierte en mucho más plausible. Wright trata la resurrección como un evento histórico y accesible, en lugar de como un evento «sobrenatural» o «metafísico».

José María Cabodevilla subraya como argumento de la historicidad de la resurrección de Jesús las objeciones y la resistencia que los propios discípulos y seguidores de Jesús opusieron inicialmente:

> Dichosas dudas, providencial obstinación de algunos en negarse a conceder fácilmente su fe a aquello que sus ojos se resistían a dar por cierto. No sin razón se ha dicho que la prolongada incredulidad de Tomás ha reportado a la Iglesia mayores ventajas que la pronta adhesión de la Magdalena. No inventaron ellos la resurrección; más bien hicieron cuanto estaba de su parte por negarla. A las palabras de las mujeres no prestaron ningún crédito, pues «les parecieron delirio» (Lucas 24,11). Idéntica repulsa encontraron en el grueso de los discípulos aquellas noticias traídas por los primeros apóstoles que hallaron vacío el sepulcro. «Y al fin se manifestó a los Once, estando recostados a la mesa, y les reprendió su incredulidad y dureza de corazón, por cuanto no habían creído a los que le habían visto resucitado de entre los muertos» (Marcos 16,14).

> Nada más justo para describir el estado mental de aquellos hombres, tan positivos, tan apegados a la evidencia, tan escasamente dotados para crear y aceptar fantasías, que la propia confesión de dos de ellos: «Nosotros esperábamos que sería él quien rescataría a Israel; mas, con todo, van ya tres días desde que esto ha sucedido. Nos asustaron ciertas mujeres de las nuestras que, yendo de madrugada al monumento, no encontraron su cuerpo, y vinieron diciendo que habían tenido una visión de ángeles que les dijeron que vivía. Algunos de los nuestros fueron al monumento y hallaron las cosas como las mujeres decían, pero a El no le vieron» Lucas 24,21-24).[67]

Como metáfora[editar]

Sheehan afirma que incluso el relato de Pablo de la resurrección no está destinado a ser tomado como una referencia a un levantamiento de la tumba literal o físico, y que las historias de una resurrección corporal no aparecieron hasta mucho después, tanto como la mitad de un siglo después de la crucifixión. En cambio, cree que el entendimiento de Pablo (y tal vez Pedro) de la resurrección era metafísico, así como las historias de la figurativa resurrección de Cristo, reflejando su triunfante «entrada a la presencia escatológica de Dios», y que la referencia de Pablo a Cristo resucitando «al tercer día» (1 Corintios 15:4) «no es una designación cronológica, sino un símbolo apocalíptico para el escatológico acto salvífico de Dios, que estrictamente hablando no tiene fecha en la historia. Así, el ‹tercer día› no se refiere al domingo 9 de abril de 30 d. C., o para cualquier otro momento en el tiempo. Y en cuanto al ‹lugar› donde se produjo la resurrección, la fórmula en 1 Corintios no afirma que Jesús resucitó de la tumba, como si el levantamiento fuera una resurrección física y, por lo tanto, temporal. Sin estar comprometido con ningún física sobrenatural de la resurrección, la frase ‹que resucitó al tercer día› simplemente expresa la creencia de que Jesús fue rescatado de la suerte de ausencia absoluta de Dios (la muerte) y fue admitido a la presencia salvadora de Dios (el futuro escatológico)».

Otras cuestiones e interpretaciones[editar]

Historicidad de la tumba vacía[editar]

Kirby afirma que «muchos estudiosos dudan de la historicidad de la tumba vacía».[n. 7] Price añade que «[a] los apologistas [cristianos] les encanta hacer la afirmación que [...] la resurrección de Jesús es el mejor evento atestiguado en la historia», pero «los argumentos probabilísticos» muestran que «la resurrección es cualquier cosa menos un caso evidente». Cavin afirma que: «nuestras únicas fuentes de las posibles pruebas, las tradiciones de Pascua neotestamentarias, están muy lejos de proporcionar el tipo de información necesaria para establecer la hipótesis de la resurrección».[n. 8]

Carrier señala que: «La evidencia sobreviviente jurídica e histórica sugiere que Jesús no fue enterrado formalmente la noche del viernes, ‹pero que› tenía que haber sido colocado el sábado por la noche en un cementerio público especial reservado para los condenados. En esta teoría, las mujeres que visitaron la tumba domingo por la mañana confundieron su lugar». Habermas, sin embargo, advierte que esa afirmación carece de bases sólidas que expliquen la posibilidad de un entierro el día sábado posterior a la fiesta del Pésaj (algo improbable en el contexto judío de la época) y la posterior confusión de ubicación, ya que el sitio era de total conocimiento para las autoridades (fuese una fosa común o una tumba excavada en roca). En ese contexto, por lo tanto, el paradero del cuerpo sería detectable y podría exhibirse (en última instancia) ante la proclamación de los discípulos de que Jesús había resucitado.[69] Crossan considera que es viable la evidencia existente de un entierro individual para Jesús, por lo cual las mujeres piadosas no podrían haberse equivocado de tumba deliberadamente.

Por otro lado, está el hecho de la plausibidad del relato sobre el entierro en el sepulcro del sanedrita José de Arimatea. Ehrman reconoce que: «Algunos estudiosos han argumentado que es más plausible que, de hecho, Jesús fue colocado en un terreno de entierro común (que en ocasiones ha pasado), o fue, como muchas otras personas crucificadas, simplemente dejada para ser comido por los animales carroñeros». Él va más allá al decir: «[L]os relatos son bastante unánimes en decir (los primeros relatos son unánimes en decir) que Jesús fue, de hecho, enterrado por su seguidor, José de Arimatea, por lo que es relativamente fiable que esto es lo que haya sucedido». Sin embargo, posteriormente cambió de opinión, afirmando que parte del castigo de crucifixión era que el cuerpo terminara «descomponiendo[se] y sirviendo como alimento para los animales carroñeros», es decir, sin un entierro decente. Pese a ello, Habermas estima que el 75% de los estudiosos del Nuevo Testamento concuerdan en la existencia de una tumba vacía, mientras que el 25% restante la rechaza.

Paralelos con otros relatos de muerte y resurrección[editar]

Price señala la existencia otras figuras históricas y dioses con relatos similares sobre la muerte y resurrección.[70n. 9] Añade que si la resurrección pudiera demostrarse a través de la ciencia o la evidencia histórica, el evento perdería sus cualidades milagrosas.

Comprensión de la «resurrección» en el cristianismo primitivo[editar]

Wright señala que «No puede haber ninguna duda: Pablo es un firme creyente de la resurrección corporal. Se pone de pie con sus compatriotas judíos en contra de las filas congregadas de los paganos; con sus compañeros fariseos en contra de los judíos». Según Gary Habermas, «muchos otros estudiosos han hablado en apoyo de una noción corporal de la resurrección de Jesús». Habermas también señala tres hechos en apoyo de la creencia de Pablo de un resurrección corporal y física: (1) Pablo era un fariseo y por lo tanto (a diferencia de los saduceos) creía en una resurrección física, (2) en Filipenses 3:11, Pablo dice: «si en alguna manera llegase a la *exanastasin* (resurrección) de entre los muertos», que según Habermas significa que «lo que va hacia abajo es lo que viene». Y (3) en Filipenses 3:20-21, «esperamos al Salvador, al Señor Jesucristo; el cual transformará el *sōma* (cuerpo) de la humillación nuestra, para que sea semejante al *sōmati* (cuerpo) de la gloria suya». Según Habermas, si Pablo quería decir que íbamos a cambiar en un cuerpo espiritual, entonces habría utilizado el griego *pneuma* en lugar de *sōma.*

Vermes llega a la conclusión de que hay ocho posibles teorías para explicar la resurrección de Jesús, exponiéndolas de la siguiente manera:

> He omitido los dos extremos que no son susceptibles de juicio racional, la fe ciega del creyente fundamentalista y el rechazo del escéptico empedernido fuera de alcance. Los fundamentalistas aceptan la historia, no como está escrita en los textos del Nuevo Testamento, sino reformada, transmitida e interpretada por la tradición de la Iglesia. Ellos alisan las asperezas y se abstienen de hacer preguntas tediosas. Los no creyentes, a su vez, tratan a toda la historia de la Resurrección como el producto de la imaginación de

los primeros cristianos. La mayoría de los investigadores con un conocimiento superficial de historia de las religiones se encontrarán entre estos dos polos.

A partir de su análisis, Vermes presenta las seis restantes posibilidades para explicar el relato de la resurrección de Jesús: (1) «El cuerpo fue retirado por alguien ajeno a Jesús», (2) «el cuerpo de Jesús fue robado por sus discípulos», (3) «la tumba vacía no era la tumba de Jesús», (4) «Enterrado vivo, Jesús más tarde salió de la tumba», (5) «Jesús se recuperó de un coma y se fue de Judea», y (6) «la posibilidad de que hubiera una ‹resurrección espiritual, no corporal›». Vermes establece que ninguna de estas seis posibilidades es susceptible a ser histórica.

Intentos de explicación desde la psicología[editar]

Historiadores como Fernando Bermejo Rubio, escépticos acerca de la historicidad de estas narraciones, han integrado en su estudio de la resurrección y posterior divinización de Jesús de Nazaret las más recientes investigaciones en el ámbito de las ciencias de la conducta. Para explicar la exaltación de Jesús por sus seguidores tras su muerte, Bermejo recurre a la teoría de la disonancia cognitiva acuñada por el psicólogo social Leon Festinger en los años 50 y aplicada al estudio del cristianismo en las últimas décadas del siglo XX. Según esta hipótesis, la inesperada muerte de Jesús en la cruz habría chocado con las pretensiones de sus discípulos de ver establecido el reino prometido en Israel; para poder superar esta contradicción y la humillación sufrida al frustrarse sus esperanzas de esa manera, los miembros restantes del grupo tratarían de racionalizar tal situación, negando para ello la información desfavorable y reinterpretando el resto como si sus objetivos hubiesen sido ya cumplidos. De ahí que divulgaran la resurrección de su líder y lo divinizasen, reduciendo la disonancia para cohesionar de este modo al grupo y sumar más seguidores tras un intenso proselitismo, salvaguardando así su autoestima.

También se ha recurrido a explicar tales fenómenos desde la psicología de la memoria y la neurobiología, subrayando la poca fiabilidad de tales recuerdos con el paso del tiempo, pues estos son siempre reelaborados activamente por los testigos de los hechos según sus vivencias, expectativas y emociones. También se enfatiza, siguiendo al sociólogo Maurice Halbwachs, que la memoria tiene una dimensión social y los recuerdos están condicionados por las afirmaciones e influencia de los demás, especialmente en grupos cerrados y proselitistas. Las apariciones de Jesús tras su muerte se explicarían, a su vez, por una predisposición a experimentarlas en función del estado de ánimo (ansiedad, entusiasmo) del sujeto y las creencias compartidas por los miembros del mismo entorno sociocultural. En este caso, Bermejo Rubio utiliza el paradigma de la *presencia sentida* como el más probable para explicar estos fenómenos, alejándose de explicaciones alternativas sobre un posible origen psicopatológico o fraudulento de las mismas, según él menos aclaratorias.[71]

Fundamento de la fe cristiana[editar]

En la teología cristiana, la resurrección de Jesús es el fundamento de la fe cristiana (1 Corintios 15:12-20, 1 Pedro 1:3). Los cristianos, por la fe en el poder de Dios (Colosenses 2:12), son resucitados espiritualmente con Jesús, y son redimidos para que puedan andar en una nueva forma de vida (Romanos 6:4). El apóstol Pablo señaló: «Y si Cristo no resucitó, vana es entonces nuestra predicación, vana es también vuestra fe» (1 Corintios 15:14). La muerte y la resurrección de Jesús son los acontecimientos más importantes en la teología cristiana. Ellos forman el punto en las Escrituras donde Jesús da su última demostración de que él tiene poder sobre la vida y la muerte, por lo que tiene la capacidad de dar a la gente la vida eterna. Terry Miethe, un filósofo cristiano de la universidad de Oxford, indicó: «‹¿Resucitó Jesús de entre los muertos?› es la cuestión más importante en cuanto a las afirmaciones de la fe cristiana». De acuerdo con la Biblia, «Dios lo resucitó de entre los muertos», ascendió al cielo, a la «diestra de Dios», y volverá de nuevo (Hechos 1:9-11) para cumplir el resto de las profecías mesiánicas, tales como la resurrección de los muertos, el juicio final y el establecimiento del Reino de Dios (mesianismo y Era Mesiánica).

Algunos eruditos modernos usan la creencia de los seguidores de Jesús en la resurrección como un punto de partida para establecer la continuidad del Jesús histórico y la proclamación de la iglesia primitiva. Carl Jung sugirió que el relato de la crucifixión a la resurrección era el contundente símbolo espiritual de, literalmente, Dios-como-Yahweh convirtiéndose en Dios-como-Job.

Pablo escribió que: «Porque si no hay resurrección de muertos, tampoco Cristo resucitó. Y si Cristo no resucitó, vana es entonces nuestra predicación, vana es también vuestra fe. [...] y si Cristo no resucitó, vuestra fe es vana; aún estáis en vuestros pecados» (1 Corintios 15:13-14, 17). Muchos estudiosos señalan que, en la discusión sobre la resurrección, el apóstol Pablo se refiere a la transmisión de estilo rabínico de una tradición temprana autoritativa que recibió y pasó a la iglesia de Corinto. Por esta y otras razones, se cree que este credo es de origen pre-paulino. Geza Vermes escribe que el credo es «una tradición que él [Pablo] ha heredado de sus mayores en la fe en relación con la muerte, sepultura y resurrección de Jesús». La antigüedad del credo ha sido localizada por muchos estudiosos de la Biblia a menos de una década después de la muerte de Jesús, proveniente de la comunidad apostólica de Jerusalén. Paul Barnett escribe que esta fórmula, entre otras, era una variante de «una tradición temprana básica que Pablo ‹recibió› en Damasco de Ananías, aproximadamente en el 34 [d.C.]» después de su conversión.

Pablo luego pasa a decir:

> Mas ahora Cristo ha resucitado de los muertos; primicias de los que durmieron es hecho. Porque por cuanto la muerte entró por un hombre, también por un hombre la resurrección de los muertos. Porque así como en Adán todos mueren, también en Cristo todos serán vivificados.
>
> —1 Corintios 15:20-22

Los puntos de vista de Pablo iban en contra del pensamiento de los filósofos griegos, para quienes una resurrección corporal significaba una nueva prisión en un cuerpo físico, que era lo que ellos querían evitar; dado que para ellos lo corpóreo y lo material inmovilizaban al espíritu. Al mismo tiempo, Pablo creía que el cuerpo recién resucitado sería un cuerpo celestial; inmortal, glorificado, potente y espiritual, en contraste con el cuerpo terrenal, que es mortal, deshonrado, débil y natural. De acuerdo con el teólogo Peter Carnley, la resurrección de Jesús fue diferente de la resurrección de Lázaro: «En el caso de Lázaro, la piedra fue removida para que pudiera salir [...] el Cristo resucitado no necesita que la piedra sea removida, porque él se transforma y puede aparecer en cualquier lugar, en cualquier momento».

Según el estudioso Thorwald Lorenzen, la primera Pascua llevó a un cambio en el énfasis de la fe «en Dios» a la «fe en Cristo». Hoy en día, Lorenzen encuentra «un extraño silencio acerca de la resurrección en muchos púlpitos». Él escribe que entre algunos cristianos, ministros y profesores, la resurrección parece haberse convertido en «motivo de vergüenza o asunto de la apologética». Se argumenta que muchos cristianos descuidan la resurrección debido a su comprensible preocupación por la Cruz. Sin embargo, la creencia en la resurrección física de Jesús sigue siendo la doctrina más aceptada por los cristianos de todos los trasfondos denominacionales.

Origen del cristianismo: la primera ekklēsia[editar]

Artículo principal: Judeocristianismo

La creencia en la resurrección de los primeros seguidores de Jesús formó la proclamación de la primera *ekklēsia*.[72][73] Las apariciones reforzaron el impacto que Jesús y su ministerio tuvieron en sus primeros seguidores,[74] e su interpretación dentro de un marco bíblico dio ímpetu a la devoción de Cristo[75] y la creencia en la exaltación de Jesús.[18][76] La muerte de Jesús fue interpretada a la luz de las Escrituras como una muerte redentora, siendo parte del plan de Dios.[77] Las apariciones también llevaron a la reanudación de la actividad misionera de los seguidores de Jesús.[15][19] Pedro asumió inicialmente un papel de liderazgo en la primera *ekklēsia* (que formó después la base para la sucesión apostólica).[78][79]

La devoción a Cristo[editar]

Los escritos del Nuevo Testamento sostienen que la resurrección fue «el comienzo de su vida exaltada»[3n. 10] como Cristo (Mesías) y Señor.[45] Jesús es el «primogénito de los muertos», *prōtotokos*, el primero en resucitar de entre los muertos y, por lo tanto, adquiere el "estatus especial del primogénito como hijo y heredero preeminente".[25] Según Beale, «‹primogénito› se refiere a la posición alta y privilegiada que Cristo tiene como resultado de la resurrección de los muertos [...] Cristo ha ganado una posición tan soberana sobre el cosmos, no en el sentido de que es reconocido como el primer ser creado de toda la creación o como el origen de la creación, sino en el sentido de que él es el inaugurador de la nueva creación por medio de su resurrección».[5]

Hurtado señala que poco después de su muerte, Jesús fue llamado Señor (*Kyrios*), lo que «lo asocia de manera asombrosa con Dios».[81] El término *Señor* reflejaba la creencia de que Dios había exaltado a Jesús a un estado divino «a la ‹diestra› de Dios».[82] La adoración a Dios (como se expresa en la frase «invocar el nombre del Señor [YHWH]») también se aplicó a Jesús, invocando su nombre «en la adoración corporativa y en el patrón devocional más amplio de los creyentes cristianos (por ejemplo, el bautismo, exorcismo, curación)».[83]

Según Hurtado, las poderosas experiencias religiosas fueron un factor indispensable en el surgimiento de la devoción a Cristo.[84n. 11] Esas experiencias «parecen haber incluido visiones de (y/o ascensiones) al cielo de Dios, en el que el Cristo glorificado fue visto en una posición exaltada»[85n. 12] y fueron interpretadas en el marco de los propósitos redentores de Dios, como se refleja en las Escrituras, en una «interacción dinámica entre devotos, la búsqueda en oración y la reflexión sobre textos bíblicos y continuas experiencias religiosas poderosas».[88] Esto inició un «nuevo patrón devocional sin precedentes en el monoteísmo judío», es decir, la adoración de Jesús junto a Dios,[89] dándole a Jesús un lugar central porque su ministerio y sus consecuencias tuvieron un fuerte impacto en sus primeros seguidores.[90] Las revelaciones (incluidas esas visiones), pero también las expresiones inspiradas y espontáneas y la «exégesis carismática» de las escrituras judías, los convencieron de que esta devoción fue ordenada por Dios.[91]

Ehrman señala que tanto Jesús como sus primeros seguidores eran judíos apocalípticos, que creían en la resurrección corporal, que comenzaría cuando se acercara la venida del Reino de Dios.[92] Según Ehrman, «la creencia de los discípulos en la resurrección se basó en experiencias visionarias»,[17] argumentando que las visiones generalmente tienen un fuerte poder de persuasión, pero también señalando que los relatos evangélicos registran una tradición de dudas sobre las apariciones de Jesús. La «sugerencia tentativa» de Ehrman es que solo unos pocos seguidores tuvieron visiones, incluidos Pedro, Pablo y María Magdalena. Le contaron a otros acerca de esas visiones, convenciendo a la mayoría de sus asociados cercanos de que Jesús resucitó de entre los muertos, pero no a todos.[n. 13] Finalmente, estas historias fueron contadas y adornadas, lo que llevó a la historia de que todos los discípulos habían visto al Jesús resucitado.[93] La creencia en la resurrección de Jesús cambió radicalmente sus percepciones, concluyendo por su ausencia que debe haber sido exaltado al cielo, por Dios mismo, exaltándolo a un estado y autoridad sin precedentes.[18]

La cristología primitiva[editar]

Durante varias décadas, se ha argumentado los escritos del Nuevo Testamento contienen dos cristologías diferentes, a saber, una cristología «baja» o «adopcionista», y una cristología «alta» o «de la encarnación».[94] La «cristología baja» o «cristología adopcionista» es la creencia «de que Dios exaltó a Jesús para ser su Hijo al resucitarlo de la muerte»,[95] lo que lo elevó al «estado divino».[96] La otra cristología temprana es la «cristología alta», que es «la opinión de que Jesús era un ser divino preexistente que se hizo humano, hizo la voluntad del Padre en la tierra, y luego fue llevado de regreso al cielo de donde él originalmente había venido».[96][97] La cronología del desarrollo de estas primeras cristologías es un tema de debate dentro de la erudición contemporánea.[98][99][100][101]

De acuerdo con el «modelo evolutivo»[102] o «teorías evolutivas»[103] (propuesto por Bousset y seguido por Brown), la comprensión cristológica de Cristo se desarrolló con el tiempo, desde una cristología baja a una cristología alta,[104][105][106] como se atestigua en los Evangelios.[99] Según el modelo evolutivo, los primeros cristianos creían que Jesús era un ser humano exaltado, adoptado como Hijo de Dios[107][108][109] cuando fue resucitado,[106][110] señalando la cercanía del Reino de Dios, que todos los muertos resucitarían y que los justos serían exaltados.[111] Las creencias posteriores desplazaron la exaltación a su bautismo, nacimiento y, posteriormente, a la idea de su existencia eterna, como lo atestigua el Evangelio de Juan.[106] Marcos cambió el momento de cuando Jesús se convirtió en el Hijo al bautismo de Jesús, y más tarde Mateo y Lucas lo cambiaron al momento de la concepción divina, y finalmente Juan declaró que Jesús había existido con Dios desde el principio: «En el principio era el Verbo».[109]

Desde la década de 1970, las fechas tardías para el desarrollo de una «cristología alta» han sido impugnadas,[112] y la mayoría de los estudiosos argumentan que esta «cristología alta» ya existía antes de los escritos de Pablo.[94] Esta «cristología de la encarnación» o «cristología alta» no evolucionó durante mucho tiempo, sino que fue un «gran estallido» de ideas que ya estaban presentes al comienzo del cristianismo, y tomó forma en las primeras décadas de la iglesia, como se atestigua en los escritos de Pablo [11211396114]

Según Ehrman, estas dos cristologías existieron una al lado de la otra, describiendo a la «cristología baja» como una «cristología adopcionista» y la «cristología alta» como una «cristología de la encarnación».[94] Si bien el adopcionismo fue declarado herejía a fines del siglo II,[115116] fue respetado por los ebionitas,[117] quienes consideraban a Jesús como el Mesías mientras rechazaban su divinidad y su nacimiento virginal,[118] e insistían en la necesidad de seguir la Ley y los ritos judíos.[119] Veneraron a Santiago, el hermano de Jesús (el Justo); y rechazaron al apóstol Pablo como un apóstata de la Ley.[120] Mostraron fuertes similitudes con la primera forma de cristianismo judío, y su teología específica puede haber sido una «reacción a la misión gentil libre de la Ley».[121]

La muerte redentora de Jesús[editar]

La muerte de Jesús fue interpretada como una muerte redentora «por nuestros pecados»,[122n. 14] de acuerdo con el plan de Dios que figura en las escrituras judías. El significado radica en «el tema de la necesidad divina y el cumplimiento de las Escrituras», no en el énfasis paulino posterior en «la muerte de Jesús como sacrificio o expiación por nuestros pecados».[123] Para los primeros cristianos judíos, «la idea de que la muerte del Mesías era un evento redentor necesario funcionó más como una explicación apologética de la crucifixión de Jesús»,[123] «demostrando que la muerte de Jesús no fue una sorpresa para Dios».[124n. 15]

El llamado a la actividad misionera[editar]

Según Dunn, las apariciones a los discípulos tienen «un sentido de obligación de dar a conocer la visión».[126] Helmut Koester señala que las historias de la resurrección fueron originalmente epifanías en las que los discípulos fueron llamados a un ministerio por un Jesús resucitado, y en una etapa secundaria fueron interpretadas como prueba física del evento. Sostiene que los relatos más detallados de la resurrección también son secundarios y no provienen de fuentes históricamente confiables, sino que pertenecen al género de los tipos narrativos.[15] El erudito bíblico Géza Vermes sostiene que la resurrección debe entenderse como un resurgimiento de la confianza en sí mismos de los seguidores de Jesús, bajo la influencia del Espíritu, «incitándolos a reanudar su misión apostólica». Sintieron la presencia de Jesús en sus propias acciones, «resucitando, hoy y mañana, en los corazones de los hombres que lo aman y sienten que está cerca».[19n. 16] Según Gerd Lüdemann, Pedro convenció a los otros discípulos de que la resurrección de Jesús señalaba que el fin de los tiempos estaba cerca y que el Reino de Dios se acercaba, cuando los muertos serían resucitados, como lo demostró Jesús. Esto revitalizó a los discípulos, comenzando su nueva misión.[129130131]

El liderazgo de Pedro[editar]

Pedro afirmó enérgicamente que Jesús se le apareció,[13293] y legitimado por la apariencia de Jesús asumió el liderazgo del grupo de seguidores tempranos, formando la *ekklēsia* de Jerusalén mencionada por Pablo.[13279] Pronto fue eclipsado en este liderazgo por Santiago el Justo, «el hermano del Señor»,[133134] lo que puede explicar por qué los primeros textos contienen información escasa sobre Pedro.[134n. 17] Según Gerd Lüdemann, Pedro fue el primero que tuvo una visión de Jesús,[129] señalando que Pedro y María Magdalena tuvieron experiencias de apariciones, pero argumentando que la tradición de la aparición a María fue un desarrollo posterior y probablemente no fue la primera.[136n. 13]

Dentro del cristianismo proto-ortodoxo, Pedro fue el primero a quien Jesús se apareció y, por lo tanto, el legítimo líder de la Iglesia.[132] La resurrección formó la base de la sucesión apostólica y el poder institucional de la ortodoxia como herederos de Pedro,[138] describiéndole como «la roca» sobre la cual se construirá la iglesia.[132] Aunque los Evangelios y las epístolas de Pablo describen las apariciones a un mayor número de personas, solo las apariciones a los Doce Apóstoles cuentan como autoridad principal y sucesión apostólica.[139]

Pablo: la participación en Cristo[editar]

La aparición de Jesús a Pablo lo convenció de que Jesús era el Señor y Cristo resucitado, quien lo comisionó para ser apóstol de los gentiles.[140141142] Según Newbigin, «Pablo se presenta a sí mismo no como el maestro de una nueva teología, sino como el mensajero encargado por la autoridad del Señor mismo de anunciar un nuevo hecho, a saber: que en el ministerio, la muerte y la resurrección de Jesús, Dios ha actuado decisivamente para revelar y efectuar su propósito de redención para todo el mundo».[143] Las enseñanzas del apóstol Pablo forman un elemento clave de la tradición y teología cristiana: el origen de la teología de la resurrección. Para la teología paulina es fundamental la conexión entre la resurrección de Cristo y la redención.[144] Pablo explicó la importancia de la resurrección de Jesús como la causa y el fundamento de la esperanza de los cristianos de compartir una experiencia semejante.[145] En 1 Corintios 15:13–14, 17, 20–22 Pablo escribe:

> Porque si no hay resurrección de muertos, tampoco Cristo resucitó. Y si Cristo no resucitó, vana es entonces nuestra predicación, vana es también vuestra fe. [...] y si Cristo no resucitó, vuestra fe es vana; aún estáis en vuestros pecados. [...] Mas ahora Cristo ha resucitado de los muertos; primicias de los que durmieron es hecho. Porque por cuanto la muerte entró por un hombre, también por un hombre la resurrección de los muertos. Porque así como en Adán todos mueren, también en Cristo todos serán vivificados.

El *kerygma* de 1 Corintios 15:3 establece que «Cristo murió por nuestros pecados». El significado de ese *kerygma* es un tema de debate y abierto a múltiples interpretaciones. Tradicionalmente, este *kerygma* se interpreta como el significado de que la muerte de Jesús fue una expiación o rescate, por propiciación o expiación, de la ira de Dios contra la humanidad a causa de sus pecados. Con la muerte de Jesús, la humanidad fue liberada de esta ira. En la comprensión protestante clásica, donde ha dominado la comprensión de los escritos de Pablo, los humanos participan en esta salvación por la fe en Jesucristo; esta fe es una gracia dada por Dios, y las personas son justificadas por Dios a través de Jesucristo y la fe en Él.

Estudios más recientes han planteado varias preocupaciones con respecto a estas interpretaciones. De acuerdo con E. P. Sanders, quien inició la denominada Nueva Perspectiva sobre Pablo, este vio a los fieles redimidos por su participación en la muerte y resurrección de Jesús. Aunque «la muerte de Jesús sustituyó a la de los demás y por lo tanto liberó a los creyentes del pecado y la culpa», una metáfora derivada de la «antigua teología del sacrificio», la esencia de los escritos de Pablo no está en los «términos legales» con respecto a la expiación del pecado, sino en el acto de «participación en Cristo a través de morir y resucitar con él». Según Sanders, «los que son bautizados en Cristo son bautizados en su muerte, y así escapan del poder del pecado [...] murió para que los creyentes puedan morir con él y, en consecuencia, vivir con él». Así como los cristianos comparten la muerte de Jesús en el bautismo, así compartirán su resurrección. James F. McGrath señala que Pablo «prefiere usar el lenguaje de la participación. Uno murió por todos, de modo que todos murieron (2 Corintios 5:14). Esto no solo es diferente de la sustitución, sino todo lo contrario».

Pablo insiste en que la salvación es recibida por la gracia de Dios; según Sanders, esta insistencia está en línea con el judaísmo de c. 200 a. C. a 200 d. C., que vio el pacto de Dios con Israel como un acto de gracia de Dios. La observancia de la Ley es necesaria para mantener el pacto, pero el pacto no se gana al observar la Ley, sino por la gracia de Dios.

Los Padres de la Iglesia: la expiación[editar]

Los Padres Apostólicos discutieron sobre la muerte y resurrección de Jesús, incluyendo a Ignacio de Antioquía (50-115), Policarpo de Esmirna (69-155) y Justino Mártir (100-165). La comprensión de la patrística griega de la muerte y resurrección de Jesús como una expiación es el «paradigma clásico» dentro los Padres de la Iglesia, que desarrollaron los temas encontrados en el Nuevo Testamento.

Durante los primeros mil años del cristianismo, la teoría redimitoria (del rescate) de la expiación fue la metáfora dominante, tanto en el cristianismo oriental como occidental, hasta que fue reemplazada en Occidente por la teoría satisfactoria de la expiación de Anselmo de Canterbury. La teoría redimitoria de la expiación señala que Cristo liberó a la humanidad de la esclavitud al pecado y a Satanás, y por lo tanto a la muerte, al dar su propia vida como sacrificio de rescate a Satanás, intercambiando la vida del perfecto (Jesús), por las vidas de los imperfectos (humanos). Implica la idea de que Dios engañó al diablo y que Satanás (o la muerte) tenía «derechos legítimos» sobre las almas pecaminosas en la otra vida, debido a la caída del hombre y el pecado heredado.

La teoría redimitoria primero fue claramente enunciada por Ireneo de Lyon (c. 130–c. 202), quien fue un crítico abierto del gnosticismo, pero tomó prestadas ideas de su cosmovisión dualista. En esta cosmovisión, la humanidad está bajo el poder del Demiurgo, un Dios menor que ha creado el mundo. Sin embargo, los humanos tienen una chispa de la verdadera naturaleza divina dentro de ellos, que puede ser liberada por la gnosis (conocimiento) de esta chispa divina. Este conocimiento es revelado por el Logos, «la mente misma del Dios supremo», quien entró al mundo en la persona de Jesús. Sin embargo, el Logos no pudo simplemente deshacer el poder del Demiurgo, y tuvo que ocultar su verdadera identidad, apareciendo como una forma física, engañando al Demiurgo y liberando a la humanidad. En los escritos de Ireneo, el Demiurgo es reemplazado por el diablo, mientras que Justino Mártir ya había igualado a Jesús y al Logos.

Orígenes (184-253) introdujo la idea de que el diablo tenía derechos legítimos sobre los humanos, quienes fueron comprados gratuitamente por la sangre de Cristo. También introdujo la noción de que el diablo fue engañado al pensar que podía dominar el alma humana.

Antigüedad tardía e inicio de la Edad Media[editar]

Después de la conversión de Constantino y el Edicto de Milán en 313, los concilios ecuménicos de los siglos IV, V y VI se centraron en la cristología, lo que ayudó a dar forma a la comprensión cristiana de la naturaleza redentora de la Resurrección, e influyó en el desarrollo de su iconografía y su uso dentro de la liturgia.

La creencia en la resurrección corporal fue una nota constante de la iglesia cristiana en la antigüedad. Agustín de Hipona la aceptó en el momento de su conversión en 386. Agustín defendió la resurrección y argumentó que, dado que Cristo ha resucitado, existe la resurrección de los muertos. Por otra parte, sostuvo que la muerte y resurrección de Jesús ocurrieron para la salvación del hombre, diciendo: «para lograr la resurrección de cada uno de nosotros, el Salvador pagó con su propia vida, y él antepuso y propuso su resurrección una vez, y solo una vez, a modo de sacramento y a modo de modelo».

La teología de Teodoro de Mopsuestia (siglo V) proporciona una profundización en el desarrollo de la comprensión cristiana de la naturaleza redentora de la Resurrección. El papel crucial de los sacramentos en la mediación de la salvación tuvo gran aceptación en el momento. En la representación eucarística de Teodoro, los elementos salvíficos y de sacrificio se combinan en el «Aquel que nos ha salvado y nos ha liberado por el sacrificio de sí mismo». Para Teodoro, el rito eucarístico se orienta hacia el triunfo provocado por la resurrección sobre el poder de la muerte.

El énfasis en el carácter salvífico de la Resurrección continuó en la teología cristiana en los siglos siguientes, por ejemplo, en el siglo VII, Juan Damasceno escribió que: «Cuando él liberó a los que estaban presos desde el principio de los tiempos, Cristo volvió de nuevo de entre los muertos, habiendo abierto para nosotros el camino a la resurrección», y la iconografía cristiana de los años subsiguientes representó ese concepto.

Interpretación contemporánea[editar]

Lorenzen señala «un extraño silencio sobre la resurrección en muchos púlpitos»; señala que entre algunos cristianos (líderes y maestros), la resurrección parece haberse convertido en «una causa de vergüenza o un tema de la apologética». Según Warnock, muchos cristianos descuidan la resurrección debido a su énfasis (comprensible) en la cruz.

Resurrección corporal o física[editar]

Pablo y los Evangelios[editar]

James Ware sostiene, principalmente a partir de la terminología de Pablo y la comprensión contemporánea judía, pagana y cultural de la naturaleza de la resurrección, que Pablo sostuvo un cuerpo físicamente resucitado (*sōma*), restaurado a la vida, pero animado por el espíritu (*pneumatikos*) en lugar de alma (*psuchikos*), de la misma forma que los relatos evangélicos. La naturaleza de este cuerpo resucitado es un tema de debate. En 1 Corintios 15:44, Pablo usa la frase «cuerpo espiritual» (*sōma pneumatikos*), término que ha sido interpretado como «cuerpo potenciado por el Espíritu», pero también como un «cuerpo celestial», hecho de un material más fino que la carne. En la Epístola a los Filipenses, Pablo describe cómo el cuerpo del Cristo resucitado es completamente diferente al que llevaba cuando tenía «la condición de hombre» (Filipenses 2:8), y sostiene un similar estado glorificado (Cristo «transformará el cuerpo de la humillación nuestra», en Filipenses 3:21), como la meta de la vida cristiana: «la carne y la sangre no pueden heredar el reino de Dios» (1

Corintios 15:50), y los cristianos que entren al reino estarán desechando «el cuerpo pecaminoso carnal» (Colosenses 2:11).

Pablo se opuso a la noción de una resurrección puramente espiritual, como lo propagaron algunos cristianos en Corinto, que aborda en 1 Corintios. Sus opiniones sobre una resurrección corporal iban en contra de los pensamientos de los filósofos griegos para quienes una resurrección corporal significaba un nuevo encarcelamiento en un cuerpo corpóreo, que era lo que querían evitar, dado que para ellos lo corpóreo y lo material encadenaban el espíritu. La tradición evangélica en desarrollo, a su vez, enfatizó los aspectos materiales para contrarrestar cualquier interpretación espiritual.

Dunn señala que hay una gran diferencia entre la aparición de la resurrección de Pablo y las apariencias descritas en los Evangelios. Donde «la visión de Pablo fue visionaria [...], desde el cielo»; en contraste, los relatos evangélicos tienen un «realismo masivo» dentro de ellos: «el ‹realismo masivo› de [...] las apariciones [evangélicos] en sí mismas solo puede describirse como visionario con gran dificultad, y Lucas ciertamente rechazaría esa descripción como inapropiada». Según Dunn, la mayoría de los estudiosos explican esto como una «materialización legendaria» de las experiencias visionarias, «tomando prestados los rasgos del Jesús terrenal». Sin embargo, según Dunn, había «una tendencia a alejarse de lo físico [...] y una tendencia inversa a lo físico». La tendencia hacia lo material es más clara, pero también hay signos de la tendencia a alejarse de lo físico, y «hay algunos indicios de que una comprensión más física era actual en la primera comunidad de Jerusalén».

La tumba vacía[editar]

La tumba vacía y las apariciones posteriores a la resurrección nunca se coordinan directamente para formar un argumento combinado. Si bien la coherencia de la narración de tumbas vacías es cuestionable, es «claramente una tradición temprana». Vermes rechaza la interpretación literal de la historia, como prueba de la resurrección, y también señala que la historia de la tumba vacía está en conflicto con las nociones de una resurrección espiritual. Según Vermes, «[el] vínculo estrictamente judío de espíritu y cuerpo está mejor representado por la idea de la tumba vacía y sin duda es responsable de la introducción de las nociones de palpabilidad (Tomás en Juan) y de comer (Lucas y Juan)».

Según Raymond E. Brown, el cuerpo de Jesús fue enterrado en una nueva tumba por José de Arimatea de acuerdo con la Ley Mosaica, que establecía que no se debe permitir que una persona colgada en un árbol permanezca allí por la noche, sino que debe ser enterrada antes del anochecer. El historiador del Nuevo Testamento Bart D. Ehrman descarta la historia de la tumba vacía; según Ehrman, «una tumba vacía no tenía nada que ver con eso [...] una tumba vacía no produciría fe». Según Ehrman, la tumba vacía era necesaria para subrayar la resurrección física de Jesús, pero es dudoso que Jesús fuera enterrado por José de Arimatea. Es poco probable que un miembro del Sanedrín hubiera enterrado a Jesús; la crucifixión estaba destinada a «torturar y humillar a una persona lo más completamente posible», y los cuerpos usualmente eran abandonados para que los animales lo comieran; los delincuentes generalmente eran enterrados en fosas comunes; y Pilato no tenía preocupación por las sensibilidades judías, lo que hace improbable que hubiese permitido que enterraran a Jesús. Sin embargo, el teólogo e historiador inglés N. T. Wright argumenta enfáticamente y extensamente la realidad de la tumba vacía y las apariciones posteriores de Jesús, razonando que, como cuestión de historia, tanto la resurrección corporal como las apariciones corporales posteriores de Jesús son explicaciones mucho mejores que el surgimiento del cristianismo que otras teorías, incluidas las de Ehrman.

La Pascua[editar]

Artículo principal: Pascua

La Pascua, la fiesta por excelencia que celebra la resurrección de Jesús, es claramente el festival cristiano más antiguo. Desde los primeros tiempos del cristianismo, se ha centrado en el acto redentor de Dios en la muerte y resurrección de Cristo. En los Συναξάριον *synaxarion* y los calendarios litúrgicos de la iglesia ortodoxa se le llama «domingo de las miróforas con el noble José»[146n. 18]

La Pascua está vinculada al Pésaj y la salida de Egipto en el Antiguo Testamento a través de la última cena y la crucifixión que precedió a la resurrección. De acuerdo con el Nuevo Testamento, Jesús dio a la cena pascual un nuevo significado, mientras se preparaba a sí mismo y sus discípulos por su muerte en el aposento alto durante la última cena. Él se identificó en la hogaza de pan y la copa de vino como su cuerpo antes de ser sacrificado y su sangre antes de ser derramada. 1 Corintios 5:7 señala: «Limpiaos, pues, de la vieja levadura, para que seáis nueva masa, sin levadura como sois; porque nuestra pascua, que es Cristo, ya fue sacrificada por nosotros». Esto se refiere a la exigencia pascual de no tener levadura en la casa y en la alegoría de Jesús como el cordero pascual.

Relatos extrabíblicos[editar]

Evangelios apócrifos[editar]

Los evangelios apócrifos que desarrollan más ampliamente el tema de la resurrección son el Evangelio de Pedro y otros «Evangelios de la pasión y resurrección», el Evangelio de María (con los diálogos entre Jesús y María Magdalena tras la resurrección) y otros «Diálogos del resucitado» de carácter gnóstico.[147]

El Libro de Mormón[editar]

El Libro de Mormón contiene un relato de 37 páginas del ministerio de Cristo después de su resurrección, en el que se aparece a los nefitas y los lamanitas en las Américas después de levantarse de la tumba y ascender al cielo. Se aparece a la gente y les permite sentir las marcas de los clavos en sus manos y pies. Él les predica el evangelio y establece su iglesia. Cristo lleva a cabo muchos milagros similares a los del Nuevo Testamento.

El relato afirma que cerca de 2500 varones, mujeres y niños vieron y escucharon a Jesucristo resucitado.

Otras apariciones[editar]

Joseph Smith registró una experiencia en la que vio al resucitado Jesucristo y a Dios Padre en la primavera de 1820; su experiencia se conoce hoy en día como la Primera Visión.

En 1832, Joseph Smith y Sidney Rigdon escribieron un relato en el que ambos afirmaron haber visto a Jesucristo resucitado. Ellos escribieron: «Y ahora, después de los muchos testimonios que se han dado de él, éste es el testimonio último de todos, que nosotros damos de él, el que vive; porque lo vimos, incluso a la diestra de Dios, y oímos una voz testificando que él es el Unigénito del Padre».

Posiciones de otras religiones[editar]

Grupos como judíos, musulmanes, los bahá'ís y otros no cristianos, así como algunos cristianos liberales, discuten sobre si Jesús realmente fue resucitado de entre los muertos. Las discusiones sobre las reivindicación sobre la muerte y la resurrección se producen en muchos debates religiosos y diálogos interconfesionales.

Gnósticos[editar]

Algunos gnósticos no creían en una resurrección física literal. «Para los gnósticos, cualquier resurrección de los muertos fue excluida desde el principio; la carne o sustancia estaba destinada a perecer. ‹No hay resurrección de la carne, sino sólo del alma›, decían los denominados arcontes, un grupo gnóstico tardío de Palestina».

Judaísmo[editar]

El cristianismo se separó del judaísmo en el siglo I, y las dos religiones han diferido en su teología desde entonces. De acuerdo con el *Toledot Yeshu*, el cuerpo de Jesús fue removido en la misma noche por un jardinero llamado Judá, después de oír a los discípulos planificar robar el cuerpo de Jesús. Sin embargo, el *Toledot Yeshu* no es considerado canónico o normativo dentro de la literatura rabínica. Van Voorst afirma que el *Toledot Yeshu* es un conjunto de documentos medievales y sin una forma fija, desde el cual es «muy improbable» disponer de información fiable acerca de Jesús. The Blackwell Companion to Jesus establece que el *Toledot Yeshu* no tiene hechos históricos como tales, y acaso se creó como una herramienta para protegerse de las conversiones al cristianismo.

Islam[editar]

Los musulmanes creen que ʿĪsā, hijo de Maryām (María), fue un santo profeta con un mensaje divino. La perspectiva islámica es que Jesús no fue crucificado y volverá al mundo al final de los tiempos; «y por haber dicho: «‹Hemos dado muerte al Ungido, Jesús, hijo de María, el enviado de Alá›, siendo así que no le mataron ni le crucificaron, sino que les pareció así. Los que discrepan acerca de él, dudan. No tienen conocimiento de él, no siguen más que conjeturas. Pero, ciertamente no le mataron, sino que Alá lo elevó a Sí. Alá es poderoso, sabio» (Sura 4:157-158).

Bahaísmo[editar]

`Abdu'l-Bahá enseñó que la resurrección de Cristo fue una resurrección espiritual y que los relatos en los Evangelios son parábolas. Escribió: «Nosotros explicamos, por lo tanto, el significado de la resurrección de Cristo de la siguiente manera: Después del martirio de Cristo, los Apóstoles estaban perplejos y consternados. La realidad de Cristo, la cual consiste en Sus enseñanzas, Sus bondades, Sus perfecciones y Su poder espiritual, fue escondida y oculta durante dos o tres días después de su martirio, y no tenía ninguna apariencia externa o manifestación; de hecho, parecía estar perdida por completo. Para aquellos, pocos en número, que creían de verdad; incluso los pocos estaban perplejos y consternados. La causa de Cristo estuvo así como un cuerpo sin vida. Después de tres días, los Apóstoles se convirtieron en firmes y constantes, surgieron para ayudar a la causa de Cristo, resolvieron promover las enseñanzas divinas y practicar las advertencias de su señor, y se han esforzado por servirlo. Entonces surgió luminosa la realidad de Cristo, resplandeciendo su gracia a otro, encontrando una nueva vida en su religión, y sus enseñanzas y amonestaciones se ponen de manifiesto y son visibles. En otras palabras, la causa de Cristo, que era semejante a un cuerpo sin vida, fue llevada a la vida y rodeada por la gracia del Espíritu Santo».

Los bahá'ís creen que la afirmación del Corán significa que el Espíritu de Jesús no murió en la cruz; sin embargo, los bahá'ís defienden que Jesús fue realmente crucificado en la carne.

Reliquias[editar]

Artículos principales: Acheiropoietos, Sudario de Turín, Paño de la Verónica *y* Santa Faz.

La resurrección de Jesús es desde hace mucho tiempo el centro de la fe cristiana y aparece dentro de diversos elementos de la tradición cristiana, desde fiestas, representaciones artísticas y reliquias religiosas. En las enseñanzas cristianas, los sacramentos reciben su poder salvífico de la pasión y resurrección de Cristo, sobre la cual la salvación del mundo depende por completo.

Un ejemplo del entrecruzamiento de las enseñanzas sobre la resurrección con las reliquias cristianas es la aplicación del concepto de «formación de la imagen milagrosa» en el momento de la resurrección en el Sudario de Turín. Autores cristianos han declarado la creencia de que el cuerpo alrededor del cual se envuelve la cubierta no era meramente humano, sino divino, y que la imagen en el sudario se produjo milagrosamente en el momento de la resurrección. Citando la declaración de Pablo VI: «[El sudario es] el maravilloso documento de la pasión, muerte y resurrección, escrito para nosotros con letras de sangre»; el autor Antonio Cassanelli sostiene que el sudario es un deliberado registro divino de las cinco etapas de la Pasión de Cristo, y creado en el momento de la resurrección.

En el arte cristiano[editar]

Simbolismo paleocristiano[editar]

El arte paleocristiano, fuertemente simbólico, tuvo en el triunfo sobre la muerte uno de sus principales motivos. En el periodo de las persecuciones, el tema de la resurrección (trascendental para una comunidad que venera a sus mártires) se aludía a través de los pasajes bíblicos que se consideraban alegóricos de ella, como el de Daniel en el foso de los leones.[150] Con la cristianización del Imperio romano,[151] el arte cristiano pasó a desarrollarse pública y monumentalmente, y el tema de la resurrección se expresó en formas derivadas de la civilización romana: tanto en el crismón (evolución del lábaro imperial, transformado en cruz por el *In hoc signo vinces* del sueño que Constantino tuvo antes de la batalla del puente Milvio -en sus monedas aparece ese lábaro-crismón venciendo a una serpiente-)[152] como en el ábside de las basílicas (donde se reproduce la forma del arco de triunfo).

La cruz deja de ser un simple instrumento de tortura para convertirse en un símbolo de triunfo sobre la muerte, que recuerda al cristiano la resurrección de Cristo y la promesa de su segunda venida.

Un sarcófago procedente de la catacumba de Domitila (ca. 350) es uno de los primeros ejemplos del uso del crismón como *crux invicta* ("cruz invicta" o cruz triunfante) en contextos funerarios, como símbolo de la resurrección y triunfo sobre la muerte (rodeada por una corona de laurel, uno de los elementos del triunfo romano). A sus pies, dos soldados hacen referencia a los que custodiaban el sepulcro de Cristo.[153] Posteriormente, en la Edad Media, se generalizó el uso de la cruz funeraria.

La *crux gemmata*[154] ("cruz de gemas" o enjoyada) reproduce la cruz monumental de oro y piedras preciosas que Constantino mandó levantar en el monte Calvario de Jerusalén, y que se reproduce en el mosaico del ábside de la basílica de Santa Pudenciana de Roma.

Tema pictórico y escultórico[editar]

En pintura, la convención iconográfica fijada desde el Gótico[155] para el tema de la resurrección incluye la presencia de soldados dormidos (ocasionalmente, despiertos y asombrados -mezclando anacrónicamente su actitud en el momento de la resurrección con la de la aparición del ángel, tal como se describe en el evangelio de Mateo-) en torno a la tumba abierta de Cristo de la que surge su figura semidesnuda (envuelta en su sudario) elevándose milagrosamente, rodada de un halo luminoso y portando un estandarte de la cruz.

Hay excelentes ejemplos de representaciones pictóricas de la Resurrección tanto en el Renacimiento italiano (*La resurrección de Cristo* de Piero della Francesca, *La resurrección de Cristo* de Rafael) como en el Renacimiento nórdico (una de las tablas del *Altar de Isenheim*, de Grünewald), en el Manierismo (*La resurrección de Cristo*, de El Greco) o en el Barroco (*La resurrección de Cristo* de Rubens).

En escultura la iconografía de la resurrección es similar, aunque en el caso del *Cristo de la Minerva* de Miguel Ángel (que se suele denominar como "Cristo redentor"), se optó por representar a Cristo resucitado completamente desnudo, y abrazando la cruz, como símbolo de su victoria tanto sobre la muerte como sobre el pecado.[156]

No debe confundirse el tema artístico de la resurrección con otros con los que puede tener alguna similitud formal o conceptual: la transfiguración (que refleja un episodio evangélico anterior a la muerte de Cristo, en el que la figura de Cristo se ilumina), la ascensión (que refleja uno posterior, en el que Cristo asciende al cielo ante la vista de sus discípulos), la *anastasis* Αναστασις ("resurrección" en griego, término que, como tema artístico, se refiere a la visita de Cristo al limbo -descenso de Cristo a los infiernos-, entre la resurrección y la ascensión). Algunos otros temas iconográficos participan de elementos de la resurrección y de otros episodios, como los denominados Varón de dolores o Cristo de las cinco llagas (donde, junto a un Cristo resucitado aparecen tanto elementos de la resurrección como las *arma Christi* -instrumentos de la Pasión-) y las denominadas Cristo muerto sostenido por ángeles.

II. Breve comentario filosófico desde la antigüedad hasta Emmanuel Kant: El Hombre

- Sumerios: narración donde no existe drama en la creación del cielo y de la tierra.
- Asirios y Babilonios: narración donde si existe drama en la creación del cielo y de la tierra por medio de la leyenda acerca de los dioses y los hombres
- Egipcios: relato de la creación indirecto y pasivo por medio de decretos a los hombre de parte de los Dioses
- Hebreos:
    1. La creación como acción: Génesis 2
        a. Criterio de lucha
    2. La creación como orden: Dios había creado ordenadamente tras haber distinguido y separado los elementos que estaban mezclados
    3. Criterio de orden
    4. La creación por medio de la palabra y el espíritu: Génesis 1, 2. Intima conexión entre el hablar de Dios y la presencia del Espíritu. Sus palabras fueron acción.
    5. Criterio de la palabra y la acción
    6. La creación como señorío sobre la naturaleza: la creación sin el señorío del hombre sobre la naturaleza, no tiene sentido.
    7. Criterio de dominio
    8. Creación como fundamento de la vida de culto: Salmos 93, 95 – 97, 100.
    9. Criterio de triunfo
- Grecia:
- Roma:
    1. Preatico: Heráclito con "el todo cambia y nada es" y Parmenides con "solo el ser es el ser y el no ser no es".
    2. Sofistas: Protagoras con "el hombre como la medida de todas las cosas", Sócrates con "el

autoconocimiento", Platón con la belleza es eterna y las cosas bellas participan de la eternidad", Aristóteles con "distinción entre lo bello y agradable".

3. Cínicos: razón (agradable) y naturaleza (desprecio de lo tradicional)
4. Estoicos: fin ético someterse a Dios en el mundo
5. Cristianismo: imaginación divina, se nace o no se nace con ella
6. Renacimiento: vuelta al pensamiento griego, sometido a lo divino (primer giro)
7. Neoplatonismo: la belleza es eterna, las cosas bellas la verdad y el bien (segundo giro)
8. Humanismo: descubrimiento del hombre en cuanto hombre y paganizaciòn del concepto creativo
9. Enmanuel Kant: la ciencia es obra del hombre. Cuando el hombre se alza sobre la naturaleza para hacer ciencia lo hace con su poder creativo. La expresión **"Giros Copernicanos"** tan conocida, comienza por eso mismo.

III. Introducción a la ciencia e investigación inductiva – reflexiva – dialogante de Francis Bancon y demás

En donde surge una pregunta sugerente ¿Es posible YA una construcción de este nivel en los tiempos actuales?

Printed by Books on Demand GmbH, Norderstedt / Germany